子どもが輝く幸せな子育て

藤村亜紀【著】

ほんの木

まえがき

前作『心で感じる幸せな子育て』から、四年の月日が流れました。赤ちゃんだった息子も幼稚園の年長となり、泣き虫の娘は元気に小学校に通っています。その間私にも、思いがけない仕事をいただき、子どもと共に成長させていただきました。中でも私にとって最もハードルが高く、その分やりがいを感じたのは講演活動でした。

それまでの私と来たら、子育てサークルなどで自己紹介をするのでさえ、真っ赤になって心臓が速まってしまうほどの上がり性でした。順番が回ってくるまでの間、「何を話そう、変なこと言ったらどうしよう」と、心臓が飛び出しそうになるのです。その私が一時間もの間、たくさんの人の前で話せるでしょうか。けれど、やってやれないことはない、ステップアップのチャンスです。図書館で大量の「話し方」に関する本を借り、読みまくりました。けれど、どれにも共通するのは「場数を踏んで、なれること」です。

「ぶつかるしかないな」

決心が付きました。スピーチの原稿を何度も何度も書き直し、声を出して延々と練習です。そのたびに発音しにくいところ、言い回しのしにくいところを直していく作業が繰《く》り返されます。

そして、初めての講演の日。「やれるだけのことはやった」という気持ちが、私の味方をしてくれました。話すことに精一杯で、聞いている人が喜んでいるかどうかまでは気が回りませんでした。けれど、「話すって、おもしろい」「聞いてもらえるって、気持ちのいいことなんだな」という、生まれて初めての感覚を味わいました。

それからの私は、人前に出ても臆《おく》せず自分の考えを言えるようになりました。いちいち人の視線に怯《おび》えなくてすむと、人生が変わったかのように生きるのが楽になりました。それが、本を出版しての一番の収穫でした。

この第二作の本には、そのときの講演録が含まれています。「どうしても伝えたい」という想いで話したことを、もっともっとたくさんの方に聞いていただけたら、と考えたためです。

また、二〇〇五年六月に自宅を開放して始めた、「出会いと生きがい創りの場、陽だまりサロン」についても書きました。この記録から誰かが何かを感じ取り、一人二人と同じようなことに取り組む人が現れてくれたら幸いです。

週に四日、一階でサロンを開きながら、合間を見ては二階に駆け上がり原稿を書く毎日でした。何とも細切れの時間で、集中することもままなりません。けれどそれは、あきっぽい私にはかえって好都合でした。階下から聞こえてくるにぎやかな話し声も、子どもたちの泣き声も私にとっては心地よいBGMでした。

そんな充実した時間をぎゅう〜っと詰め込んで、この本をお贈りします。まだまだ発展途上の母親ですが、「子どもが輝く、こんな生き方も楽しいよ」とのメッセージと共に、何かしらあなたの心に共鳴できることを願って……。

藤村亜紀

もくじ

第四章　しつけと心に届く話し方

第五章　わが家の教育(?)方針

装丁・デザイン／渡辺美知子
カバー背イラスト／今井利恵
カバー、本文イラスト／藤村亜紀

「第一章「自分大好き」な子どもたち」は『子どもたちの幸せな未来①～⑥』（ほんの木刊）に連載した文章をもとに大幅に書き直しました。

第一章

「自分大好き」な子どもたち

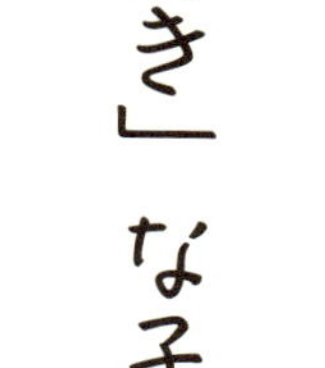

どんな子どもになってほしい？

自分大好き！

その昔、私がまだ尻の青い……いえ、ほっぺたの赤いおてんば娘だった頃。わが家で唯一芸術的な父は、娘の私に莫大《ばくだい》な夢を託したものです。

テレビでバレエの公演を見ては、「バレリーナになりなさい」

オーケストラの演奏を聴いては、「演奏家になりなさい」

一事が万事この調子でした。当の本人は、なんにも気にしていませんでしたが。

今、自分も親となって、子どもに何を望んでいるのでしょう。父のように職業的観点からいけば、調理師になってもらって、毎日食事を作ってくれたら助かるなあ。もしくは、世界を股《また》にかける冒険家になってもらい、滞在地に泊まらせてもらえたら宿泊費が浮くなあ、なんてすっとぼけたことを考えております。

「どんな子どもになってほしい？」

周りのお母さんたちにこう投げかけると、たいていこんな答えが返ってきます。

「優しい子ども」

「友だちがたくさんいる子ども」

「思いやりのある子ども」

「素直な子ども」

うんうん、そうだよね、と思いながら聞きいります。ありふれた答えではあるけれど、一つ一つに親の深い思いが刻み込まれている気がするのです。短い言葉の中に、「この子が人に好かれますように。幸せな人生をおくれますように」、と。

そうしたことをつらつらと考えていたら、「あ、まだあった」とひらめきました。

「なんていいことを思いついたんだろう、私は」

「これよこれ、絶対こんな子どもになってほしい〜！」

しばし悦に入り、ごほうびに冷凍庫の奥に隠していたリッチな珈琲《コーヒー》をいれました。

「自分を『大好き』と言える子にしよう！　素晴らしい考えだわあ」

「自分大好き」、なんて心地いい響き……。

読者の皆様は、「それって一体どういうこと？」と疑問に思われたことでしょう。これを、一言で言い表すのは非常に難しいのです。なので、三言で表します（？）

一つ　自分自身の価値をわかる子ども
二つ　自分の体や心、そして命を大切にする子ども
三つ　人生を楽しめる子ども

これら全てをひっくるめての「自分大好き」です。

「いや〜、実にいいねえ」とは思ったものの、しばらく人には話しませんでした。何かしら裏付けがあって導き出されたものではなかったため、話す勇気がなかったのです。

事件を起こした子どもたち

それから幾日かたって、ある講演を聴きに出かけた私は、ぽんと背中を押された気がしました。青少年事件を専門に手がける弁護士さんの話です。いじめ、恐喝《きょうかつ》、殺傷……。さまざまな事件を起こした子どもたちと、日々接しているその方は言いました。

「犯罪を犯す子どもには、共通点があります。そのような子どもたちは皆一様に、自分に自信がないのです。自分を否定してしまっているのです」と。

「俺は何をやっても駄目なんだ」「私なんて、生まれてこなければよかったのよ」

そうやって、自分を否定するのだそうです。

「あんたなんて、いらない子だった」

そう、親から言われる子どもも多いそうです。そんな気持ちが、犯罪を招いているとのことでした。

けれど、そんな子どもに自信を取り戻させるため、ひいては子どもを犯罪者にしないために、たった一つだけ方法があるのだそうです。それは、誰かがその子の「固有の価値」を見いだし、認めてやることなのだ、と。

「おまえはこんなことが出来るのか」

「おまえのここはすごいな」

「おまえ、いいもの持ってるじゃないか」と。

「その子の中にだけある、きらりと光る何かを引き出し認めてあげる。それがその子に自信をつけ、いい方向に伸ばしてやる最善の道です」

途中何度か睡魔《すいま》に襲われ首カックンしたけれど、なんとためになるお話だったことでしょう。

「固有の価値を認めることで子どもは自分に自信を持つ、か。自分に自信がつけば、自分

●●●●●

を好きになれるよね。それって、自分大好きってことだよね。そうだそうだ、私の考えは間違いじゃなかった」

勝手なへりくつをつけた私は、勇気一〇〇倍になりました。

「さあ、これからは声を大にして伝えよう!」

子どもが自分を好きになるには、人から大切にされたり必要とされる経験が、大きくものをいうはずです。

「おまえは大事な子どもなんだよ」

「大好きだよ」

「生まれてきてくれてありがとう」

そんな親や祖父母、周りの人の言葉や態度から、

「そうか、僕って(私って)大切な子どもなんだ」

と気づくのではないでしょうか。そんなふうに自分の価値や重要性、命の重さ、かけがえのなさを知るのが第一歩。このベースがあってこそ「自分同様、他の人も大切な存在なんだ」と、いつかわかるときが来るのでしょう。

「あの子もこの子も、僕と同じ一人の人間。

あの子もこの子も、一人一人が大切な人。

みんなみんな、大切な命」

難しいことはよくわからないけれど、まずは「自分大好き」な子どもにしたいと、私は思います。大切にされている実感がぶくぶくと自然発酵し、いつか周囲の人も尊重できるように。

わが家では、そのために三つのことをしています。

一つめは、自分の体や心、命を大切にする子どもになってくれるように、「生まれたときの様子を話して聞かせる」

二つめは、自分自身の価値をわかる子どもになってくれるように、「自己肯定感を持たせる」

三つめは、人生を楽しめる子どもになってくれるように、「いいこと探しをする」

では、これから順を追って具体的にお話ししていきましょう。

生まれたときの様子を話す

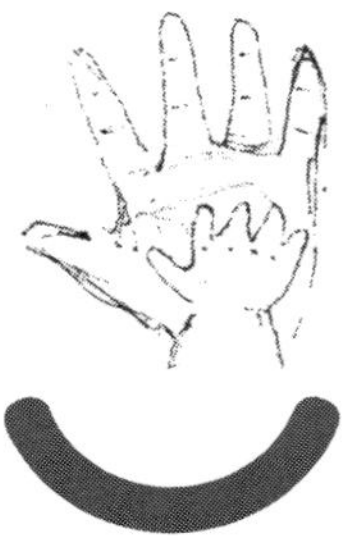

あなたは望まれて生まれてきた

「自分大好き」な子どもにするための一つめ。自分の体や心、命を大切にする子どもになってほしくてしている「生まれたときの様子を話して聞かせる」から。

子どもとお風呂に入っているときに、よく誕生の頃の話をします。お腹に赤ちゃんがいるとわかってとても喜んだこと、お父さんもおじいちゃんもおばあちゃんも喜んでくれたこと、お腹の中でぐるぐる回ってぽかぽか蹴飛《けと》ばしたこと。そして生まれたときには家族だけでなく、親戚の人も近所の人も、みんなが祝福してくれたこと、などなど。

娘は目をキラキラさせながら、

「それから？　それから？」

と、続きをせがみます。息子は私の腹を見つめて、

「ぼく、おへそからおそとをみていた」

と、言い出します。

私の話をどこまで理解しているのかは「?」だけれど、きっと何かを感じているはず。

「生まれてきてよかったな」

「自分は大事な子どもなんだ」

と。そんな気持ちが、人に自信と誇りを育むのでしょう。

そうそう一つ、これだけはしっかり伝えてほしいことがあります。それは、「あなたは、みんなに望まれて生まれてきたんだよ」「みんなが望んだ命だよ」ということ。それだけ切望されて生まれてきたとわかったら、むやみに体を傷つけたり、命をもて遊ぶようなことは出来ないはずですから。

ここだけ(!)の出産秘話

余談になりますが、まだ子どもに話していない出産秘話があります。

あれは初めての赤ちゃんを待つ、晩秋の頃でした。大きなお腹を抱えて検診に出かけた

●●●●●

私は、看護婦さんから尋《たず》ねられました。

「立ち会い出産できるけど、どうします？」

「えっ、立ったまま出産するんですか？　それはちょっと……」

「だんなさんも一緒ってことよ」

「えっ、だんなも赤ちゃん生むんですか？　それもちょっと……」

「何言ってんの？　立ってるだけよ」

「はあ、立たされるのは慣れてると思います」

そういえば、どこぞの芸能人パパがそんなことを熱く語っていたっけな。そうか、あれをするのか、とうとううちも芸能界いりか～（違うって）。

夫に電話で確認をいれると、「やる」と一言。なんて立派なんでしょう。そうと決まれば次はビデオです。子どもの誕生の瞬間を残さなければ。電気屋さんで値切ったビデオカメラをバックに押し込み、準備万端、そのときが来るのを待ちました。

さて十月十日の日が満ちて、いよいよ出産の日を迎えました。三〇時間に及ぶ陣痛を経て、やっとこさ分娩台へ。白い割烹着《かっぽうぎ》姿（？）になってかちこちに固まっている夫は、左手に私の手を、右手にビデオカメラをしっかり握りしめています。

うぃ～ん

ビデオカメラのスイッチが入りました。これからどのくらいで、赤ちゃんって生まれてくるものなのでしょう。

ピッピピッピ……

赤ちゃんの心音計の音だけが、無機質に響きます。そのとき、激しい痛みが下腹部に突き刺さりました。

「ほら今よ。いきんで！」

「亜紀、がんばれ！」

「んんんん！」

いきむたびに途切れる心音が気になって仕方ありません。赤ちゃんは大丈夫なのかな。ちゃんと生きているのかな。そんなことをごちゃごちゃ考えている間にも、痛みは襲《おそ》ってきます。

「もう頭が見えてるよ、あと一息よ！」

「んんんんんんん！」

そのとき、ゲボズルっと下っ腹から何かが流れ出すのを感じました。なんたる快感でしょう。ここだけだったら、何度でもやりたいほどです。

「ふぇ〜」

小さな声がしました。これが産声《うぶごえ》というものなんですね……。続いて、

「ほら、だんなさん、写しどきよ！」

との声とともに、へその緒《お》でつながったままの赤ちゃんを、足の間から掲《かか》げて見せてくれました。

「女の子だよ。きれいな顔だね」

「ひゃ～、ほんとに赤ちゃんが出てきた～」

「きれい」と言ってくれたその顔は、私には鳥のひなに見えました。

私の顔の上映会

その後一週間を産院で過ごし、晴れて母子そろっての帰宅の日を迎えました。そうしてその夜、待ちに待ったビデオ上映会。赤ちゃんが寝静まったのを見計らい、テープをセット。夫婦二人、ちょこんとテレビの前に正座しました。

「ねえ、赤ちゃんってどんなふうに生まれてきたの？」

「……」

「回転して出てくるって聞いたけど、ほんとにそうだった？」

「……」

そうこうしているうちに、ようやく映像が流れ始めました。――と、大画面いっぱいに映し出されたのは、鬼の形相で歯を食いしばる私の顔。化粧がはげて薄くなった眉《まゆ》が、一層すごみを効かせています。

「ちょとお、こんな近くで映さないでよ」

「仕方ないだろ、手ぇ握ってたんだから」

ぶつくさ言いながらも、愛娘《まなむすめ》の誕生の瞬間を、目を皿のようにして待ちわびました。なのに。なのに、です。いつまでたっても、映るのは私の顔だけ。もう飽《あ》きてしまいました。赤ちゃんはまだかしら？

そのとき画面から、

「あと一息よ！」

という声がして、テレビの前でだらけていた体をがばっと起こしました。しかし！　それでも私のどアップのままなんです。

「ちょっと、ちょっと、ちょおっとおおお、赤ちゃんは～!?」

テレビの横に回り込み、テレビの下側からのぞき込んだものの見えるはずもありません。

とうとう「ふぇ～」の声がして、

「ほら、だんなさん、写しどきよ！」

になりました。そのときやっと画面がシフトして、赤ちゃんが映し出されたのです。

……なんのためのビデオ購入だったのでしょう。なんのためにあんなに食い下がって値切ったのでしょう。

「あのさあ！　誰が私の顔撮ってくれって頼んだよお！　赤ちゃんが生まれる瞬間を映してってゆったでしょうがあぁ!!」

私の剣幕《けんまく》に圧倒された夫は、ぽつりつぶやきました。

「……だって、遠慮した……」

まあね、その気持ちもわからないではないけれど、一生一度の一大事、どうにもこうにもあきらめがつきません。

二度目の出産

それから一年と十か月。二度目の出産が近づきました。

「よっしゃ〜、今度こそ」

否が応でも気合いが入ります。私たち夫婦は、ビデオ撮影に関する入念な打ち合わせを行いました。下半身が映ってもかまわない、人様にお見せするわけではないのだから、ローアングルからしっかり映すように、と申し渡しました。

そして当日。泣く子も黙る丑三《うし》つどき、じわんじわんとお腹がうずき出しました。

「来た来た来た来た来た～！」

寝ている娘を起こさぬよう、夫と二人でそっと寝室を抜け出しました。まずは両家の実家に連絡です。しかる後とりあえず娘を残し、だんなに産院まで送ってもらうことにしました。

「二人だけで深夜のドライブなんて、久しぶりだね」

なんて言っている間にも、陣痛はずんどこ迫ってきます。産院に着いて私を看護婦さんに託すと、夫は家へとすっ飛んでいきました。朝になったら、娘とビデオカメラを持って来てくれるはずです。

が。二人目ともなるとそんな悠長《ゆうちょう》なことは言っていられない、とそのときになって初めて気がつきました。一人目のときとはまったく様子が違い、休む間もなく陣痛が押し寄せてくるのです。

「来るまで待ちたい、でも私、これ以上は待てないの」

演歌な気分です。

●●●●●

「だんなよ、カモ〜ン!!」

叫《さけ》びもむなしく、やむなく分娩台へ。

「はい、息を吸ってー。はい、いきむー」

二人目の赤ちゃんは、父の到着を待たずしてあっけなく生まれました。

「またまた写せなかったな……ま、いっかー、元気に生まれてきたんだから」

つぶれた握り飯のような息子を眺《なが》めながら、そう思いました。

すると突然、ばたんと分娩室のドアが開きました。

「もう生まれたのかー？　亜紀の母さんが来てくれたから、大急ぎで来たのにー」

情けないいような嬉しいような顔をして、夫が駆け込んできました。

その瞬間、「ま、いっかー」は前言撤回となりました。

「なーんで、もっと早く来てくれなかったのよー！」

「来たよ！」

「へ？」

「来たけど、玄関に鍵《かぎ》がかかってて入れなかったんだ！」

「鍵って、さっき私が来たとき開けてもらったでしょうがあ！」

そんなばか夫婦のやりとりを聞いていた看護婦さんが、会話を遮《さえぎ》りました。

「あ〜ら、だんなさんだったの？　変質者だと思って、鍵しめちゃったわ」

……なんてこった。

「息子よ、変質者と間違われたこの人が、おまえのお父さんだよ」

さあ皆さんも、誕生話に花を咲かせてみませんか？　いつもは怒ってばかりでも、あの日あのときを思い出すと、ほんわか幸せになるから不思議。自分も子どもも嬉しくなっちゃう特別な時間、どうぞあなたも試してね。

その一言が自己肯定感を育てる

あなたが自慢出来ることは何ですか？

「自分大好き」な子どもにするための二つめ。自分自身の価値をわかる子どもになってほしくてしてている「自己肯定感を持たせる」に話を移しましょう。

突然ですが、あなたの自慢出来ることを教えてください。食べちゃいたいほどかわいい子どもたちでしょうか。それとも優しいだんな様？

う〜ん、いいご家族に囲まれて幸せにほほえむ顔が見えるようです。やっぱり家族が一番大事、基本の基本といったところでしょう。

けれど今は、ちょっとそれを横に置いて。他の誰かのことではなくて、あなた自身のご自慢を教えてほしいのよ。

すーっと長い爪でしょうか。それともマッチ棒《ぼう》が乗るまつげでしょうか。「お料理だったら任せなさい」という方もいるでしょう。私も何を隠そう、献立作りから時間をかけるタイプです。何しろレパートリーがありすぎて……というのは大うそでして、なさ過ぎて悩んじゃうんですよね、私の場合。主菜はともかく副菜なんて、切り干しとひじきの日替わりときたもんだ。私のことはどうでもいいんですが。

そのほかにも、「バラ作りが好き」「カラオケで、天城越《あまぎご》えを歌わせたら右に出るものはいないわ」「スポーツだったらなんでもオッケー」と、いろんな分野があることでしょう。中には、「オーラが見える」「くせっ毛の巻き加減で天気がわかる」といった変わり種もあるかも。

いいぞいいぞ、その調子。なんでもいいから、そんな何かを持っているあなたはステキ。そんなあなたが大好きよ。

「今」あるもの、出来ることを見つめて

日本には「謙遜《けんそん》の美」という言葉があって、それによると人より控えめにしているくらいが美しいのだとか。耳が痛いです。そんな人には憧《あこが》れるのだけれど、それも時と場合に

よると思うのです。いつもいつも引いてばかりいては、やがて忘れ去られてしまうのではないでしょうか。それでは人生、つまらないではないですか。ここぞというときには、自分の得意とするところ、自信のあることをどんどんアピールしたって、ばちは当たりません。

というのも、「まずは親が自信を持つ」ということが、「自分を大好き」な子どもにするためにに、大変重要だからです。「私にはこれが出来る」「私にはこれがある」といった、いい意味でのプライドを養うことで、人は自分に自信を持ち、好きになれるのではないでしょうか。

そのためにも、まずはあなた！　親であるあなたが自信を持たなくっちゃ。だって考えてもみてください。

「俺は何をやっても駄目《だめ》な男なんだ」と悲観的な父親と、「私にはなんの取り柄《え》もなくて」と、過小評価する母親。その二人の子どもに、「自信を持て！」と檄《げき》をとばしたところで、持てるようになるかはきわめて疑問です。

それでもなお、自慢できるところが見つからないでしょうか。

「私にはなんにも自慢できるところなんてないんです〜。お隣の奥さんはいつもきれいにしているけれど、私は毎日同じジーパンにトレーナーだし〜。お隣のお隣さんは年に二回は海外に行ってるけど、うちは温泉一泊が関の山。あ～あ、神様って不公平よね」。そう、お嘆《なげ》きのあなた、それならジーンズを一本増やしなさい、時間延長して二泊気分を味わいなさい（そんな問題じゃないか）。

人のことなんて、どうでもいいんです。あなたはあなた。自分にないもの、持たないものを数え上げてため息つくより、今のあなたにあるもの、出来ることに目を向けてください。きっとあなただけが持っている「何か」があるから。それでも「？」と思うのなら、友人知人に聞いてみるといいですよ。自分では気づかなかった魅力がわかるかもしれません。

この、「今あるもの、出来ることに目を向ける」というのが、ここでのキーワードです。子どもにもこのポイントを押さえて接すると、「私ってすごいんだ」「なかなかやるじゃん」と、自分を肯定的に受け止められるようになるんです。ちょっと難しくいうと、「自己肯定感」というやつね、それがむくむくと育つのだそうです。それと同時に、「自分大好き」の気持ちも育っていくでしょう。

子どもを育てる無意識の大きな力

「そうか、自分を大好きにするためには、自己肯定感を持たせなくちゃいけないのね。でも、なんだか大変そう」

そう感じる人もいるかもしれません。けれどそれが、「今あるもの、出来ることに目を向ける」ことで育まれるとすれば、あなたも無意識のうちにちゃーんとやっているんですよ。それも、子どもが小さければ小さいときほど。

たとえば赤ちゃんが生まれたとき。

「元気に生まれてきますように！」

誰しもそう願ったはずです。そうして無事に生まれたわが子にご対面して、

「生まれてきてくれてありがとう」

そんな殊勝な気持ちになったのではないでしょうか。

どう転んでも、「福耳だったらよかったのに」「もっと気合い入れて泣け」なんて思いません。「生まれてきた」というその事実、ただそこに存在するという、それだけでいとおしく思えたはずです。それこそ究極の「今あるもの」（この場合は命でしょうか）に目を

向けたことになるのでしょう。

それから日がたつにつれ、座った、はった、立った、歩いたと赤ちゃんはめざましい成長を見せてくれます。その一つ一つが、親はほんとに嬉しくて、子ども以上に大喜び。

思い出してください。初めて子どもが寝返りをうったときのことを。昨日までマグロのように寝てばかりだった赤ちゃんが（マグロさん、いえ、赤ちゃんごめんなさい）、体を起こしてくくっと反転したとき。下になった腕が抜けなくて、ぴーっと泣いた顔。私はとっても嬉しくて、腕を抜いてやらずに仰向けに戻しました。そうして「寝返り記念！」とその様子を連写したのでした。同じように「はいはい記念」バージョンも、「立っち記念」バージョンもあります（二人目には、ない）。子どものそんな成長が素直に嬉しかった。毎日確実に大きくなっている、ただそれだけで満足でした。

そう、そのときこそ「今できることに目を向け」ていたんですよね。

そんなときどきに、子ども自身が、「やった」「できた」と思っているかどうかはわかりませんが、仮に思っていたとしましょう。

「ねがえりできたぞ、やったね」

そんなふうに本人が喜んでいる横で、誰かが「やったー！　できた、すごいすごい！」と大喜びしてくれたなら、それってその子にとって大きな力になるはずです。それが自信となり、自己肯定感となり、自分大好きになるのでしょう。親というのは誰でもそんなふうに、ごく自然に子どもを伸ばしてあげられる生き物なのでしょう、うんうん。

余計な言葉が子どもの自信を奪っている？

しかーし！　その時期を過ぎた頃から問題発生、そうは問屋が卸しません。はいはい期～あんよ期に突入した赤ん坊というのは、いきなり行動範囲が広がります。危ないところでもお構いなしに行っちゃうし、石でも草でも口に入れちゃうしで、お母さんは目が回りそう。私は、息子がカメムシを握りしめてかぶりつこうとしている姿に、卒倒しそうになったこともありました。そうなると「やった、できた」と喜んでばかりはいられません。「今あるもの、出来ることに目を向ける」なんて突如《とつじょ》として美談に聞こえ、「そんなこと言ってる場合かああ」と鼻息が荒くなります。

私にも、子どもが火ふき怪獣《かいじゅう》ギャオスに見え（なんだそれ？）、夜中に何もかも捨てて旅立ちたくなる日がありました。「目を向ける」どころか、畳《たたみ》に垂《た》れ流したおしっこからも、納豆にまみれた顔からも、全てから目を背《そむ》けたかった日々が。

でもね、今になって思うんです。もしもあのとき、「おむつを外すとすっきりするね」

「自分で食べられてえらいね」と言ってあげられたなら、子どもも嬉しかっただろうなって。それが「子どもの気持ちに寄り添う」ってことなんだろうなって。

はっ、話がそれてしまいました。まあ、なんと言いますか、子育てにはそんな、「今の巻き戻し！」と叫《さけ》びたくなる失態、失敗はたくさんあるわけでして。

ではありますが、母親も精一杯のところでがんばっていますし、怪獣さんもよくよく見れば、一日に一つや二つのほめどきはあるものです。

たとえば子どもが、苦手だったにんじんを一口食べたとしましょう。さあ、このときこそ出来たことに目を向けましょう。

「あら、にんじん食べたね。えらいね」

と、すかさず声をかけてあげてください。そうすれば子どもは、

「えへへ、えらいでしょ」

と、ちょっと嬉しくなるはずです。ほめすぎて有頂天《うちょうてん》になっちゃうのはどうかと思いますが、これくらいならちょうどいいでしょう。こんな小さな積み重ねで人は、自分を認め、受け入れ、好きになっていくのでしょう。

なのに、親って欲張りです。おばかさんの私は、ここで余計な一言を口走ることが多々あります。せっかく喜んでいる子どもに向かって、

●●●●●

「えらいね。……で、もう一口ど～お？」

なーんて言っちゃうのです。それでもう一口が食べられれば、円満なままです。ですが、食べられなかったらどうなるでしょう。

「だめね～」

とは言いません、いくら私でも。言いはしませんが、きっと顔が「だめね～」という顔つきになってしまうと思います。それを子どもも敏感に感じ取ることでしょう。最初の一口で終わっていれば、

「えらいでしょ」

となっていた子どもも、私のたった一言で、

「だめなんだ……」

に変わってしまいます。全くの正反対です。

子どもが自己肯定感を持てるか持てないかなんて、ほんと周囲の言葉のかけ方一つだなあとしみじみ思います、はい。もう少し心を砕《くだ》いて接しなくっちゃ、反省反省。

「いいこと探し」で盛り上がる

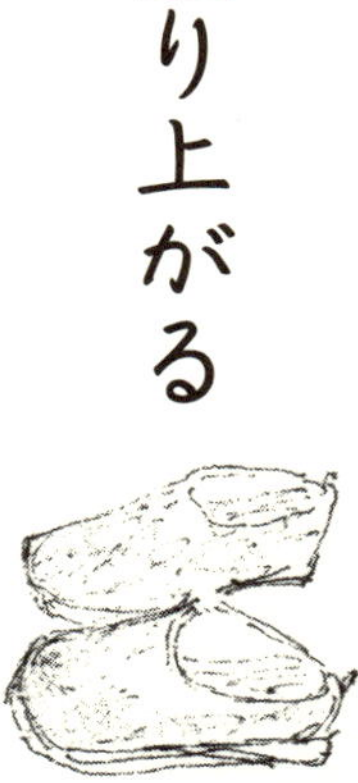

家族みんなでいいこと探し

「自分大好き」な子どもにするための最後の三つめ。人生を楽しめる子どもになってほしくて取り入れた、「いいこと探し」でしめましょう。

これは一日の終わりに家族で、今日一日の中で起こった「いいこと」を話すというものです。夕ご飯のときでもいい、お風呂のときでもいい。うちでは、寝る前のひとときをそれに当てています。そんな、みんながそろったのんびりムードの頃、誰かが、

「今日のいいこと探しー！」

と、大声を張り上げます。

そこで各自がその日あった嬉しかったこと、楽しかったことを発表するだけ。というよ

りうちの場合は、それぞれが勝手にしゃべり倒す、と表現した方が近いのですが。そうして話が尽きて一息つくと、呼吸を合わせて、「明日もいいことといっぱいあるよ、おやすみなさ～い」と眠りにつきます。

なぜこんなことを始めたかと言いますと、それはひとえに自分の後ろ向きな性格に見切りをつけたかったからです。それまでの私は、誰かに言われたちょっときつい一言を、朝も昼も晩も思い出しては落ち込むことが多くありました。そんな自分が嫌いなのにどうにも出来ず、ずぶずぶと底なし沼にはまっていくのでした。

けれどある日はたと気づいたのです。マイナスのことを考えているから、いつまでたってもマイナスの方向に進んでしまうのではないかと。ならばプラスのことを考えよう、今日あったいいことを考えよう、と。

子育ては自分自身をかわいがることから

そんなことで始めたいいこと探し。一人でやっていると忘れそうなので、家族も巻き込みました。最初は、「みそ汁がうまくできた」「洗濯機から十円出てきた」と、なんか所帯じみたものでした。でも、それを毎晩「やる」と決めたら、子どもの手前もあって何かしらいいことを集めておかなければなりません。そうしたら、ものの見方まで変わり始めたのです。

今までは雨が降ったら

「ああ、残念」

と思っていたのが、

「お花が喜ぶな」

と思えるようになりました。子どもが泣くのがいやだったのに、

「泣く顔もかわいいな」

と思えるようになりました。そんなふうに、後ろ向きだった考え方が、どんどん前向きにシフトし始めたのです。そうしたらね、毎日がどんどん楽しくなって、自分のことも「なんだか、最近いいね〜」と、認められるようになってきたのです。それに、いいことはいいことを連れてくるのか、不思議と幸運が芋《いも》づる式に訪れるようになりました。

なので、この「いいこと探しをする」は、子どもではなくて、自分のために始めてみたら、「あらま、自分大好きになっちゃたよ」という偶然の産物です。けれど、私の実体験からしてお墨付《すみつ》き。子どもに効《き》いているかどうかはよくわからないけれど、きっといい方向に向いているはず。親子共々ハッピーになって、どんどん自分を愛していこうね。

こんなふうに、私がしている「自分大好き」化計画は、ほんの小さなことです。なんの気なしに似たようなことを実行している方だって、きっとたくさんいるはずです。それって素晴らしいことですよね。やるべきことが、自然にわかっているのですから。

どの子どもも、「自分大好き!」になってくれたらいいな、と心から思います。自分を大切にして、自分をぎゅう~っと愛してほしいと願います。まずは自分です。まずは自分を愛で満たしてあげられたら、人をも認め愛せるようになれるのではないでしょうか。

それはお母さんにしても同じです。母親たるもの、自分のことはさしおいて、夫や子どものことばかり優先しがちです。それはある時期仕方のないことかもしれませんが、それだけでは心が悲鳴を上げていませんか? 「私にも誰かかまってよ」とは思いませんか? たまには子どもを夫に預《あず》けて、一人で好きなことをしてもいいんですよ。それくらいの自由を満喫《まんきつ》するだけの働きを、あなたはちゃんとしているのですから。

自分を一番わかってあげられるのは、自分自身です。かわいがってあげられるのは、自分自身です。どうぞ自分を満たし、愛することに後ろめたさを感じないでください。

たまには旧友とおいしいランチでも食べて、ほしかったあの洋服を買って、自分にごほうびをあげてください。そうやって気持ちが充分に満たされて初めて、他の人にも優しくなれるのですから。大忙しのお母さん業ですが、これからは一つ、自分にも手をかけてあげましょう。

そうしてお母さんも、心や体を大切にして、自分の価値を認めて、いいこと探しを毎日に取り入れてください。お母さんの「自分大好き！」は、きっと子どもにも伝染しますよ。

出会いから学んだ「親の役割」

ある四歳児との出会い

「親の役割って、何だろう」

柄にもなく、ふと考えることがあります。

「ごはんを食べさせて、大きくすること」「あれやこれやと世話を焼くこと」……いろんなことが頭を巡《めぐ》るけれど、どれも今イチしっくりきません。うんうん唸《うな》っていると、不意に担任していた子どものお母さんの顔がよぎりました。

自閉的傾向を持つ四歳児の、お母さんです。その人との出会いは、私が幼稚園に勤め始めてまだ三年目の春のことでした。

「二クラスある年中組のうち、ベテランの先生のクラスにその子は入るだろう」

誰もがそう思っていました。しかし少子化の波が押し寄せ、その年クラスが減ったのです。余分な先生を置くほど、園には余裕がありません。話し合いの末、遠距離通勤を理由にベテランの先生が身を引きました。結果、私が担任することになりました。

辞める方にも残る方にも、そしてその子のご家族にも、大変な葛藤《かっとう》が生じました。こうした子どもについての知識などまるでない、年若い保育者に子どもを託《たく》すことになったのですから。親御さんはさぞ心配だったと思います。

「不安です」

全職員の前で、母親はそう仰《おっ》しゃいました。私も同じく、不安でいっぱいでした。

その子は、人と話しませんでした。

その子は、人と目を合わせませんでした。

そしてその子は、自分の体に指一本触《ふ》れさせませんでした。

そんなことすら知らずに私は、初対面のその子に「おはよう」と声をかけ、手を取ろうとしました。――と、同時にその子はパニックに陥《おちい》ったのです。床に大の字に倒れ、息も出来なくなるほどに泣き叫び、暴れるのです。

普通子どもがそうなれば、抱き上げてなだめるところです。けれどその子は指一本触れてほしくないのですからどうにも出来ません。そんなことをしたら、かえって火に油を注いでしまいます。

打つ手は一つ。覚悟を決めて、見守るだけです。けれど、慣れない園生活では、思い通りにならないことがたくさんあるのでしょう。ことあるごとにパニックを起こして、そのたびにじっと見守る日々でした。

「見守る」

口で言うのは簡単です。けれど、泣き叫ぶ子どもを、ただただ黙って待つという行為は、かなりの忍耐を要することでした。それに私の言っていることを、理解しているのかどうか確認がとれないため「もしかしたら、危ないことをするかもしれない」「もしかしたら、道路に飛び出してしまうかもしれない」。そう思うと、一時も気が抜けません。

クラスには、他にもたくさんの子どもが待っています。母親から離れて淋しいのは、どの子どもも一緒です。常に一人の子どもを目で追いながら、全員の給食の世話をし、排泄《はいせつ》の手助けをし。

私は、精神的にも、体力的にも追い込まれていきました。

思い上がり

そんな折り、クラスで初めての懇談会《こんだんかい》があり、親御さんたちの自己紹介をしていただきました。

その子のお母さんの番となりました。どんな想いでその場にいたのでしょう。その方が思い詰《つ》めた表情で話し始めると、クラスは水を打ったようにしーんと静まりかえりました。

「あの子は、皆さんのお子さんのように、友だちと遊ぶことが出来ません。

あの子は、皆さんのお子さんのように、人としゃべることも出来ません。

でもあの子は、……。

どうか皆さん、わかってください」

心を決めて、思いのたけをぶつけたのでしょう。それだけ言って、泣き崩《くず》れてしまいました。どんなにか苦しかったことでしょう。どんなにかせつなかったことでしょう。

「先ほどは、つらい思いをさせてしまって、申し訳ありませんでした」

懇談会が終わった後で声をかけました。するとお母さんは私の肩に顔を埋《うず》めて、泣きじゃくりながら言いました。

「あの子は、私を母親だと思っているのでしょうか？　私は、一度でいい。あの子から、『お母さん』と呼ばれてみたいんです」

そのとき初めてお母さんのつらさが、やりきれない気持ちが、肩を伝って届いた気がしました。

私はそれまで思っていました。

「なんで園長は、こんな子どもを受け入れたのだろう」

「なんで私一人が、こんな大変な思いをしなくちゃいけないんだろう」

と。けれどそれは、思い上がりだったのです。

このお母さんは、私には想像もつかないほど、つらく、大変な思いをしてあの子を育ててきたのです。私の苦労なんて、このお母さんに比べたら、ほんのちっぽけなものに過ぎないのです。

私だけが大変なんだと思いこんでいた自分が、恥ずかしくてたまりませんでした。

「亜紀先生」

次の日からも、その子一人を追いかける日が続きました。紙テープを次々と投げ出すのを巻き直し、ストーブに手をつけようとするの防ぎ、はさみで切った指の血を止めるのに格闘して。

初めての変化に気づいたのは、入園して二か月ほどたった日のことでした。またもやパニックに陥《おちい》り、泣き叫ぶその子の背後にしゃがんで見守っていたときのことです。いつもなら大の字になるのに、その日はなぜか座って泣き出したのです。

「あれ？　今日はなぜ座って泣くんだろう」

と不思議に思いました。そうしてひとしきり泣いたあとのことです。後ろにいた私に、ふわっともたれかかってきたのです。

それが、初めてその子に触れた瞬間であると同時に、初めて私に心を開いてくれた瞬間でもありました。それからは、どこに行くにも私の人差し指をつかんで歩くようになったのです。

おむつがはずれトイレで用を足せるようになったこと、お散歩で歩き疲れるとおんぶをせがむようになったこと。ゆっくりとゆっくりとした成長ではありましたが、一つ一つがじんわりと胸にしみる喜びでした。

それでも私も最後まで、「先生」と呼ばれることはありませんでした。その子は卒園と同時に県外へ引っ越してしまったため、それっきり会ったこともありません。

けれど数年して、「結婚しました」という写真付きの葉書を、その子のお母さんに出したところ、嬉しい返事が返ってきました。それにはお母さんの文字で、こんなことが書かれていました。

「あの子は、写真を見て、『亜紀先生、亜紀先生』と言っていましたよ」

短い文面、でもたったそれだけでも、私の涙腺《るいせん》をゆるめるには充分でした。

「言葉が出たんだ！　覚えていてくれたんだ！　しかもちゃーんと、名前まで！」

泣き笑いしながら、その葉書をぎゅうっと抱きしめたことを覚えています。

あの子を受け持ったことで私は、何か大切なことを教えられました。特に学んだのは、親としての気持ちのあり方かもしれません。

「親は、自分の子どもがどんな子であっても、たとえどんな悪さをしても、絶対に見放してはいけない。味方になってやろう」ということを。

これから先、うちの子どもたちも大きくなるにつれて、生意気なことも言うでしょう。手に負えないこともあるでしょう。けれど何があっても、「お母さんは、あなたを生んでよかったよ」と「お母さんは、いつでもあなたの味方だよ」と、そんな姿勢でいることを。

「子どもの味方になる」、今のところこれが、私の中では最も重要な「親の役割」となっています。

あなたたちの母ちゃんは怒りっぽいし、父ちゃんみたいにお菓子も買ってやらなくて、不満に思っているかもしれないね。けれど、あなたたちがしでかす失敗も、流す涙もぜ～んぶ引き受けよう。だから胸を張って、お日様の下を歩いていくんだよ。

「お母さん」

そう呼ばれる幸せを改めてかみしめるとき、そんなことを思うのです。

第二章

幼稚園の先生の経験から

園での遊びと家での過ごし方

幼稚園それぞれの特徴

私は妊娠するまでの7年間、幼稚園の先生をしていました。毎日たくさんの子どもたちに囲まれ、けんかの仲裁《ちゅうさい》をし、鬼ごっこに汗だくになり、子どもたちの口から宝石のようにこぼれる言葉に、けらけらと笑いながら。末っ子として生まれ年齢の近い友達と遊ぶばかりで、小さい子どもと関わりの少なかった私にとって、園児とのふれあいは新鮮そのものでした。ぷくぷくした手足も、舌足らずな話し方も、全てがかわいくてたまりませんでした。その感覚はたぶん、初めて母親になった方が、わが子に受けるものと似ていると思います。

都道府県や市町村によっても違うのでしょうが、私の住む秋田市の幼稚園には、当時

「研究班」がありました。「子どもの体」「言葉の発達」などのテーマが設けられ、どれかに属して他の園と共に学んでいくのです。勉強会の会場は各園が持ち回りだったため、よその園をのぞく楽しみもありました。

毎日慣れ親しんでいる自分の園から離れ、他の幼稚園を見ると新しい発見がたくさんあるものです。だいたいは園児が登園する頃から始まるので、先生たちが園児とどう接しているのかも見ることができます。

ある園の先生は門に立って、お母さんや子どもと元気に挨拶を交わしていました。

「先生、おはようございます。今朝は寒いですね」

「ほんとにね。でもちゃんと歩いてこられて、偉かったね」

そんな些細《ささい》な会話でも、毎日積み重ねることで、先生と親御さんの絆《きずな》はぐーんと深まることでしょう。冬になると、子どもが来るまで職員室のストーブに張り付いている自分を反省しました。

ウサギなどの小動物を飼《か》っている幼稚園では、子どもたちが家からキャベツの葉っぱやにんじんの皮を持ってきて食べさせている光景も眼にしました。金魚を飼っているクラスでは、先生が前の日に汲《く》んでおいた水を入れ替えるのを、子どもたちが手伝っています。えさやり当番が決まっているらしく、「このくらいあげるんだよね～」と、得意げにぱらぱらと与えていました。小さい頃からそうやって、命あるものの世話をすることは、「自分以外の命」の大切さに気づく素晴らしい経験になるはずです。ザリガニを排水溝《はいすいこう》に流してしまったり、子どもがとってきたクラゲに右往左往していた私には、考えさせられることばかりでした。

行事に追われる子どもたち

門構えや設備もそれぞれ特徴があり、園長先生の考え方を知る上でとても参考になりました。私がいた園の園長は、「子どもを育てるのは、基本的に親」という考えの人でした。ですから、園バスはなく登園は親と手をつないで。給食はなく、家から手作りのお弁当を持ってきます。降園時間は早く、「行ったかと思えば帰ってくる」と、よく笑いながら話されたものです。放課後ホールを貸しているのは、体操教室とピアノ教室くらいで、とにかく園の滞在時間は短い方が子どものため、という考えでした。

そんな園にいるものですから、他園の門に掲示された、たくさんの習い事の看板には度《ど》肝《ぎも》を抜かれたことがあります。体操、ピアノの他にも、英会話、バレエ、バイオリン、etc。

「ここの園長先生は、早期教育に力を入れているんだな」とひしひし伝わってきました。そんな園はたいてい、保育の中でも英会話や勉強的なものが組み込まれていたり、パソコンルームや英語のカードがあったりしたものです。

そのように園による特色はいろいろありますが、よく話題に上る共通の問題として、「行事に追われて、その準備に子どもを駆《か》り立ててしまう」ということが上げられました。四月は入園式くらいのもので、新入園児が園に慣れることを最優先にしますが、問題はそのあとです。

五月は子どもの日、親子遠足、父親参観
六月は時の記念日、母親参観
七月は七夕、夏祭り
八月はいいとして、九月になると運動会
一〇月、秋の遠足、
一一月、作品発表会
一二月、お遊戯会にクリスマス
一月は飛ばして、二月は節分
三月はおひな祭りにお別れ会、そして卒園式と息つく暇《ひま》もありません。各園によって違いはあるでしょうが、だいたいこんな流れでしょう。一つ行事を迎えるためには、何週間か、または一か月も前から準備を始めなければなりません。

お遊戯会を例にとってみましょう。クラスの数などによっても出し物は変わるでしょうが、私が担任していた年長クラスでは、歌が一曲、合奏が一曲、劇が二つといった感じでした。

「猫ふんじゃった」でさえ満足に弾《ひ》けない私です。合奏指導なんて、そんな大それたことが出来るはずもありません。自分の指導力不足を棚《たな》に上げて、「ほら、こうやるのよ」と語気を荒くして、つきっきりでやらせていました。

「できない……」と涙ぐむ子どもがいようとも、お遊戯会でいいところを見せるためには、やらせるしかないのです。一人の子どもについていると、他の子どもたちはふざけ合ってざわついてきます。気の立っている私は、「静かにして！」とヒステリックな声を出し、なんだかよくない雰囲気を作ってしまっていました。あの子たちがその後、音楽嫌いになっていないことを祈るばかりです。

そうやって「ふ〜、一つ終わった」と思っても、次また次の行事が追いかけてくる気分でした。

幼稚園でがんばったら家ではゆったり

それでも私の園はのんびりしていたので、お天気がいいとお散歩に出かけ草花を摘《つ》んだり、山に登っておにぎりを食べたりと、日常の中に楽しみがありました。

「せんせい、だいすき」

「せんせいのおべんと、もってあげる」

そんな子どもたちの笑顔に、いつも力をもらっていました。

今思えば、いくら親御さんたちに披露《ひろう》する行事でも、特別なことをする必要はなかったとわかります。

「入園してから、今はこのくらい成長しましたよ」

という、ありのままの姿を見てもらえば、それでよかったのではないか、と。

子どもの日には、お祝いの意味合いを聞き、柏餅《かしわもち》を食べて成長を願う。七夕には、笹の葉に飾り付けをして願いを託す。お遊戯会も大それたことでなくていい。縄跳《なわと》びが跳べるようになった子どもは縄跳びを、歌を覚えた子どもは歌を歌う。そんな無理のない活動が、子どものペースにあっていると今は感じています。

子どもの合奏をありがたがる方もいますが、その裏には子どもたちの苦労が隠《かく》れています。遊ぶ時間を削《けず》り、出来ないことを強制され、楽器の前に座り続けた結果です。観客として観るのはたった一ステージですが、そこまでたどり着くのにたくさんの時間が費やされています。

そして一つの行事が終われば、また次の準備が始まります。準備準備と追い立てられるその時間を、何か別なことに使えたら、子どもたちの毎日がもっともっと輝くものとなったことでしょう。

今、息子は幼稚園児。たくさん遊ばせてくれるところを選びましたが、それなりに行事はあります。行事の前になると、「きょう、たくさんうたってきた」と歌を聞かせてくれたり、なにやら劇のシナリオをぶつぶつ言っていたりします。いつになく真剣な顔の息子が頼もしかったり、せつなかったり。

そんなときは緊張をほどくように、家ではゆったりした時間を持つように心がけています。家でまで叱咤《しった》激励するのではなく、幼稚園でがんばってきたら家では休む、そんなバランスを大切にしています。

園選びのポイント

子どもに負担のかからない園を

初めての園選び、迷いますね。私が子どもの頃は限られた園しかなくて、「選ぶ」余地などありませんでした。近所の友だちがみんな同じ所へ通うのがふつうでした。

今住んでいる場所にはたくさんの園が点在している上に、どこも園バスを使用しています。ですから、地域をまたいで少ない子どもの奪い合いになっています。

「選べる」ことがいいのか、「選べない」ことがいいのかわかりませんが、選択の幅が広がることは悩みを増やします。

「私はパートに出る予定だから、延長保育のあるところにする」「うちの子はアトピーだから、食べ物の対応をしてくれるところにするわ」など、基準は人それぞれ、千差万別です。

子どもも二人目、三人目ともなれば、気持ちに余裕も出てくるものですが、一人目となるとそうはいきません。何もかも初めてづくしで、迷いながらの暗中模索《あんちゅうもさく》。そうやって手をかけ、眼をかけて育てた子どもの「社会デビュー」です。力が入らないはずはありません。

私も子どもの就園年齢が近づくと、あちこちのパンフを集めては情報収集したものです。理想にぴったりの園はなんと県外にあって、「ここに入れたい！」と真剣に悩みました。それには夫を置いて、母子でアパートを借りなければなりません。実際、そうやって入れている親御さんもいらっしゃるようでしたが、私にはそこまでの踏ん切りはありません。そこまで行かなくても、片道一時間ほどの園に親子で電車で通っている方がいることも知りました。

「家族がバラバラになってまで、遠くの園に行く必要があるのかな？」

「そんなに時間がかかったら、子どもも負担じゃないのかな？」

いくら子どものためと思っても、それでどこかにひずみが生まれるのは、何かおかしい気がします。

信頼できる園の見極め方

私が勤めていた幼稚園は、「バスなし」「延長なし」「給食なし」で、今時のお母さんには敬遠されていました。それも園長の方針で、「子どもは親が育てるもの」との気持ちの表れだったのですが。

わが家の引っ越しに伴い、息子を今までの保育園から近くの幼稚園に変えました。そこは、「バスあり」「延長あり」です。私もやっぱり今時のお母さんです。ただ一つ、「給食なし」にはとまどいましたが、弁当作りなんて慣れてしまえばへのカッパ。夕飯の残りをちょちょいと詰《つ》めて、はいおしまい、です。

こんな私ですから、偉そうなことは言えないのですが、保育を経験したものとして、園選びのアドバイスをするとしたら、「先生の態度」と「落ち着いた環境」の二つが整っているのが信頼できる園だと思います。

まず、「先生の態度」ですが、「初めて会う子どもが、どんな子か知りたい」「今日はどんな気分だろう」、そんな気持ちがあれば、自然と目線は子どもにあわせるものです。

「この子は積極的な子かな？　それとも引っ込み思案かな？」「体調はどうかな？　熱は

ないかな？」

それを知る手がかりとして、心ある先生はしゃがんで子どもを観察します。それがごくふつうにできる先生には、安心して子どもを任せられます。

それに加えて、園全体を見たときに、先生たちの年齢に偏《かたよ》りがない方が望ましいです。若い先生からベテランの先生までそろっていた方が、互いに体力や経験を補い合って、バランスのとれた保育ができます。

子どもの成長にとって良い環境とは

続いて、「落ち着いた環境」です。

乳幼児期の子どもにふさわしい環境とは、どんなものでしょうか。そのころの子どもは、母体から離れてはいるものの、意識はまだ母親のお腹の中にいるような感じだと言われています。子宮の中でふわふわと漂《ただよ》っているような、夢の中にいるような感覚でしょうか。

それを無理に目覚めさせるのではなく、安心して漂っていられる環境を整えてあげたいものです。成長するには一つ一つの段階があって、それを丁寧《ていねい》に時間をかけてふんでいくことで、土台が強くなっていきます。

「何事も、早ければ早いほどいい」と、早期教育を施《ほどこ》したり、「子どもは賑《にぎ》やかな方が好きだから」と、ずっと音楽をかけているような園は、子どもの育ちを見誤っているのです。想像してください、お腹の中にいる感じを。羊水《ようすい》に包まれて、ぷっかり浮かんでいる感じを。


光はどうでしょう？　眩《まぶ》しいくらい当たっていないでしょうか。

音はどうですか？　うるさい音、がんがん響く音はありませんか。

色はどうですか？　どんな色が見えますか？

聞こえてくる声、心地いいのはどんな感じですか？

こうしてみると、子どもにふさわしい環境が見えてきます。

乳幼児期には少ない刺激の中で、優しさのオブラートにそっとくるんで育ててあげたい。そのためには、なるべく人工的なものは避《さ》け、自然なもので周りを整えてあげたいものです。昼間なら蛍光灯の光をさけて、日の光を取り入れて。それも明るすぎるのであれば、薄いカーテンで遮《さえぎ》ります。

音にしてもテープやラジオを流すのではなく、先生がゆったりと歌ってあげるのが理想です。ピアノなどの伴奏は、必ずしもなくていいのです。

色は柔らかい色味のものを。黒などの暗い色は、子どもを緊張させます。薄いピンクやオレンジなど、温かみのある色がいいですね。そういった色をカーテンやテーブルクロスとして取り入れているでしょうか。暗い服やエプロンをつけている先生もいますが、先生だって立派な「人的環境」です。やはり、温かい色を身につけるのがふさわしいのです。話し方は、落ち着いてゆったり話す先生に子どもは安心します。早口では子どもは理解できませんし、甲高《かんだか》い声には不安を覚えます。

豪華な施設に惑《まど》わされないで

それからもう一つ、大切なポイントがあります。

この時期の子どもの「想像力」は、一生のうちで最も発達します。大人にとってはただの雲も、子どもは「あ〜、おさかなだー」「でんしゃになったー」と、飽《あ》きずに眺《なが》めています。この感性を大事に育んであげられたら、と思います。

そのためにも子どもを取り巻く環境は、なるべくシンプルな方が望ましい。

あなたも経験がありませんか？　子どもの頃、トイレに入ったとき、壁《かべ》の節《ふし》が化け物の目に見えたこと。それが自分を見て笑っているようで、怖《こわ》くてトイレに行けなくなったことを。

子どもというのはそんなふうに、大人が考えつかないような何気ないものから、しっかり想像力を働かせるものです。ですから、「想像力を育まなくては！」とあれこれものをそろえることはなく、かえってなんにもないくらいで丁度いいのです。

先生が腕をふるって飾った壁飾りは、申し訳ないのですが、想像力を固定化してしまいます。それが細かいところまで作り込まれていればいるほど、想像の余地は残されていないのです。キャラクターの切り抜きやポスターを貼《は》るのも、同じ理由で好ましくありません。

おもちゃもそうです。想像力ががくんと減った大人にとっては、「眼！　鼻！」と、はっきりわかる人形の方が人間らしくてわかりやすいでしょう。ままごとも、鍋《なべ》なら鍋で、皿は皿の形をしていてほしい。しかも五客ワンセットで、しっかり重ねて収納できるものを希望します、私なら。

けれどそれは、大人の世界での話。子どもの世界に持ち込んではいけません。

子どもの想像力を育むためには、人形の目鼻ははっきりしていなくていいのです。なければなくてもいいくらいです。その方が、そのときどきの子どもの気持ちに合わせて、人形は泣きもすれば笑いもするのです。

ままごとは、形のきっちりしたものよりむしろ、鍋にもなれば皿にもなる、まな板にだってお盆にだってなる、曖昧《あいまい》な形でいいのです。それに使う食材だって、ドングリや栗、椿《つばき》の種などがふさわしいのです。それはときにお金になり、ときに双六《すごろく》の駒《こま》になります。それがいいのです。使い方が無限の方が、想像の翼は広がるのですから。

この、「想像力」に加え、「自然なもの」ということを考え合わせれば、ふさわしいおもちゃが浮かび上がってきます。形は作り込まれていない、流動的なものを。素材は木綿《もめん》や絹、木や石、木の実など自然素材のものを。これら自然のものは、その中にあふれる「命」が子どものそれと呼応して、生きる力を強めてくれるとも言われています。

子どもをよく知っている園というのは、環境に「お金」ではなく、「心」をかけます。そんな園は決して園舎のきらびやかさを誇張するのではなく、逆に簡素であるはずです。音響設備や見た目の絢爛《けんらん》さを競うのではなく、シンプルかつ素朴なものを取りそろえているはずです。

ものであふれた今の時代に、そのような園はみすぼらしく映るかもしれません。けれど、子どもにとって大切なものは何かを考えたとき、選ぶべき園は自ずと見えてくることでしょう。

専業ママの幸せ、働くママの幸せ

働くママへの憧《あこが》れ

専業主婦として育児をスタートした私は、二四時間子どもと一緒でした。赤ん坊という生き物は、朝とか夜とかいう概念《がいねん》がありません。

「おっぱいほしいよ～」

と夜中でも泣き出します。三〇分かけて授乳をすませると、うとうとする赤ん坊をそーっと寝かせ、自分も布団に倒れ込む。と、「ぶりぶりぶり」との音と共に、ぷ～んと悩ましげなにおいが……食べたら（飲んだら）出るのは、人間の性《さが》。

「あ～あ、またか」

も一度起きておむつを替えると、せっかく眠った赤ちゃんが、起きてひーひーむずかり出します。仕方ないので揺《ゆ》すって寝せて、また次の二時間後に備えて爆睡《ばくすい》です。

そんなことを夜中に何度、そんな夜を今まで何度繰《く》り返したことでしょう。隣で他人事のような顔して眠る夫を、蹴《け》りそうになったことも数知れず。

寝不足でいつもぴりぴり、いらいら。あの頃の一番の願いは、「朝まで、ず～っと寝ていた～い！」でした。

朝だか夜だか、いつ日付が変わったのか定かでない生活が何か月か続きました。けれど、ぼ～っとした意識の中でも家事は次々押し寄せてきます。

手抜きはだんだんベテラン化しても、日々成長し相手を求める赤ん坊からは目が離せません。新米ママが全てそうなのかわかりませんが、私は文字通り目が離せませんでした。「目を離すなよ」と、周りから忠告されたせいではなく、ただただ気になって仕方ないのです。表情がかわいいとか、することがおもしろいとか感じる余裕なんて全くなくて、とにかくじーっと凝視《ぎょうし》していました。

その赤ん坊が後追いする頃になると、母親の私をいつもいつでも追いかけます。

「息苦しい」。それが本音でした。そんなときは、朝、「行ってきます」と仕事に出かけていく夫が、心底うらやましかったものです。

鉄筋コンクリートで仕切られた壁《かべ》の中で、話もできない子どもと二人、毎日毎日同じことの繰《く》り返し。立った、歩いたと、成長の瞬間に立ち会えることは素晴らしい喜びでした。けれどその何倍何十倍という、日々の地道《じみち》な子育てに、「もう嫌！」と、逃げ出したくなる日もありました。

「いいな、仕事を持っている人は……。朝、子どもにバイバイしたら、職場で大人と話ができて。お昼御飯も一人で食べられるし。私なんて、一日中いらいらして子どもをしかってばっかり。働いているお母さんは、子どもと離れている分、一緒にいるときは愛情たっぷりでかわいがってあげられるんだろうな」

無い物ねだりの私は、そんなふうに働く人、働くママに憧れるのでした。でもその本当の姿は、子どもをときどき保育園に預けるようになった頃から徐々に明らかになってきました。

働くお母さんも楽じゃない

保育園ですから、園児のご両親とも外で働いています。働く人々は、出勤途中で子どもを園に送ってきます。当たり前のことですが、それさえも私には驚きでした。早い人は七時過ぎにはやってきます。冬なんて、まだ薄暗い時間です。

けれど保育園に預ける人の朝は、時間との戦いです。送ってくるのはもちろんお母さんばかりではなく、お父さんだってふつうに混じっています。すれ違う方と一言二言言葉は交わしても、立ち止まって話す余裕はありません。そしてこれまた当然ですが、皆さんスーツにネクタイ、スカートと、朝からぴしっと決めています。

「自分の支度だけでもたいへんなのに、子どもの世話までしなくちゃいけないんだから、みんなよくやってるな～」と感心しきりでした。当の子どもは、というと、ある程度大きくなって歩けるくらいになったらいざ知らず、小さいと寝ながら抱っこされて来る子もいました。「朝ご飯、食べてないんじゃないかな?」と心配にもなりましたが、そうまでして連れてこなければならない事情もわかり、複雑な思いでした。

そして、仕事が終わって迎えに来るお母さん、お父さんは、とても柔らかな表情に見えました。保育園は迎えの時間がまちまちなため、どなたも園の中まで上がって子どもの身支度を手伝います。そのときは一緒になったご父兄と、楽しく談笑する姿が見られました。

お父さんも園に来るのが当たり前なので、お母さんはお母さん同士、といった感じではなく、誰のお父さんお母さんとも仲良く話しているのが印象的でした。

けれど、働く人、特に働くお母さんは夕方家に帰ってからが大変だろうことは、想像に難《かた》くありません。

「帰ってからって、どんな感じ?」との質問に、友人はこう答えました。

「も〜、大変なんてものじゃないわよ。息つく暇《ひま》もないんだから。子どもなんて保育園でくたくたになるまで遊んでるでしょ? だから眠くて眠くてしょうがないのね。それでぐずり出すんだけどさ、こっちはこっちで御飯作らなくちゃいけないでしょう。テレビ見てる間に御飯作って、お風呂わかして、布団しいて。半分寝てる子どもの口に御飯つっこんでお風呂に入れたら、後は私も一緒に朝まで夢の中よ。自分の時間? そんなのないない。いっつも時間に追われてる気分よ〜」

聞いているだけで、めまいがしてきました。どうやら、働くお母さんも楽ではないとわかりました。

「でもさ、日中離れてると、会ったときのかわいさがひとしおなんじゃないの?」と食い下がると、「うん、確かに。でも子どもの成長を見ていられる主婦って、うらやましいな〜」と逆に言われてしまいました。一長一短といったところでしょうか。

専業ママと働くママ、どっちがいい?

こうしてみると、私が専業ママでよかったことは、朝の時間がゆっくりなことと、空いた時間に夕飯の準備ができることでしょうか。のんびり屋の私には、夕飯・お風呂・寝かしつけを一気にこなすスピード感はありませんから。

「でもね、休みの日には、子どもが心底かわいいと思えるのよね」

「やっぱり？」

「けど私、毎日が休みだとかなわないわ。いっくらかわいくても、二日目には子どもの相手も嫌になるもの。ずっと家にいる人って、すごいと思うよ」

「そう？　私って、すごい？　でもなあ、離れて確認できる愛情ってもんも確かにあるでしょう。心底かわいいと思えるその気持ち、私もほしいよ〜」

これればかりは、どこまで行っても無い物ねだりの堂々巡《めぐ》り。一向にらちがあきませんでした。

では、子どもにとってはどちらが幸せなのでしょう。

朝、自然に目が覚めるまで眠っていられるから、専業ママに育てられた方が幸せでしょうか？　一緒にいるときにたっぷりかわいがってもらえるから、働くママに育てられた方が幸せでしょうか？

私はこれに答えを出すことができません。子育てを取り巻く環境は、各家庭によってそれぞれ異なるはずです。家にいたくても、働きに出なければならないこともあるでしょうし、その逆もあることでしょう。その理解なしに、人のことをあれこれ言うことはできません。

親というのは、子どもに幸せになってほしいもの。その気持ちは外に仕事を持っている、いないに左右されるものではありません。疲れや忙しさに紛《まぎ》れて心が置き去りになりそうなときでも、そのベースを思い出せたら、また子どもと共にやり直せるのではないでしょうか。

「人は、無意識のうちにベターな選択をしながら進むもの」

そう聞いたことがあります。あなたが選んだその道を、胸を張って生きてください。その前向きな姿勢こそが、子どもを幸せにすることでしょう。

園についての不安Q&A

ドンマイ！　新入園児

春。長い冬が終わり、風が暖かくなってくると、そわそわと落ち着かなくなります。桜のつぼみがふくらみ、日差しがまぶしさを増し、土の中からもこもこと虫が顔を出します。寒さの中できゅーっと縮《ちぢ》こまっていた体が心が、殻《から》を破って飛び出したいと叫《さけ》び出します。

さあ、待ちに待った季節。新しい暮らし、新しい出会いも多くなります。

特にお子さんを初めて園に入れる人は、ドキドキするのではないでしょうか？

「私と離れてバスに乗っていけるかな」

「おしっこは大丈夫かな」

たくさんの不安があることでしょう。

入園説明会で渡されるたくさんの注意事項や、「入園までに身につけておくこと」の栞《しおり》などを読んで、ため息をついた方もいるでしょう。たとえば、「ボタンは自分でかけられるように」「箸《はし》を使えるように」などです。これらは出来るに越したことはありませんが、出来ないからといって悲観することはありません。

「入園までに、なんとかしなくっちゃ！」と焦《あせ》って強制しても、それが負担になってしまってはなんにもなりません。こういったことは、友だちを見て急にできるようになったりするものです。何もかも栞に書いているような、平均的なところまで持っていかなくてもいいのです。

それは、おむつに関しても言えることです。

「入園するのに、まだおむつしているの」というお母さんがいますが、それは必ずしも珍しいことではありません。入園して、自分と同じ年の友だちがかっこいいパンツなどはいていようものなら、あっという間に外れることも多いのです。

「園に入ったら、いいことも悪いことも覚えてくる」と言われますが、そうやって刺激し合いながら成長していくのです。

それでは、私が園に勤めていたとき、入園の頃によく受けた相談に答えていきましょう。

親と離れられない子ども

Q　親と離れられないのでは、と心配です。

A　入園前の説明会などでも、親と離れられずにくっついている子どもがいます。そんなお母さんからしてみれば、すんなりと離れていける子をうらやましく感じることでしょう。それと同時に、こんな悩みが出てくるのは当然ですね。

入園式のときも、やはり離れられない子どもは数人、必ずいます。そんなときはお母さんにお子さんの横に座ってもらったりして、柔軟に対処していました。

問題は次の日からです。バスにしても、園まで送るにしても、別れ際が大変なことでしょう。ここは先生を信頼して、どんと預けてください。お母さんが不安げな顔をしていれば、子どもも不安になってしまいます。子どもの様子が心配でクラスの窓から覗《のぞ》いていれば、子どもだっていつまでも踏ん切りがつきません。

大切なのは、「後でここまで、ちゃんと迎えに来るからね」と約束し、それを果たすことです。その繰り返しが、子どもを安心させます。

園に慣れるまでは、お子さんも親御さんも気が張るものです。初めてのことに対して緊張するのは当たり前。お母さんはそれをまあるく包み込み、ほっこりと子どもを迎え入れられたらいいですね。外界《がいかい》でぎこちないながらも羽を広げて帰ってくる、子どもの「巣」のような存在であってください。

友達とうまくやっていけるのか心配

Q　同世代の友だちと遊んだ経験が少ないため、うまくやっていけるか心配しています。

A　今は少子化時代といわれ、子どもの数は減っています。遊ぶ場所も少なくなっています。やっと公園を見つけて立ち寄っても、いるのは自分たち親子だけ、ということもよくあります。育児サークルや、幼児教室などに出かけて友だちを作る方もいますが、誰もが皆そうとは限りません。そう考えると、入園前に友だちと遊んでいた子どもは恵まれていますが、遊んでいなかった子どもも多いのです。友だちがたくさんいた子どもであっても、それまでのお母さんが遊びを仲介してくれたときと、園でお母さん抜きで遊ぶのは大きな違いがあります。ですから、それまでの遊びの量が多い、少ないに関わらず、両者にとって新たな「経験」と受け止めることができます。

遊びの経験が多い子・少ない子、積極的な子・人見知りな子、大人数で遊ぶのが好きな子・一人遊びが好きな子といろんな子どもがいます。だからおもしろいのです。

園はたくさんの個性を持つ子どもたちと、つきあい方や折り合いの付け方、自己表現の仕方など、いろいろな学びをしていく場です。あなたのお子さんも、自分を成長させ、また他人をも成長させる、大切な園の一員です。笑いながら泣きながら、大きくなっていくお子さんを、どうぞ応援してあげてください。

トイレがうまく伝えられないのだけれど

Q　おもらしや、トイレのことが気になります。

A　「遊びに夢中になると、トイレに行くのを忘れておもらししてしまいます」「うんちがまだふけません」「全部脱がないと、トイレに行けません」。

生活に密着しているだけあって、トイレの悩みは人それぞれです。そういう私でさえ、息子のトイレがあまりに近いため（五分おきということも）、心配していたものですが。

こう心配している裏には、単にそれ自体を心配しているだけでなく、「先生にご迷惑をおかけするのではないか」「失敗したら、友だちにいじめられるのではないか」という気持ちも隠《かく》れているのではないでしょうか。

でも、先生は心得ていますから、一定の時間ごとに声をかけて子どもをトイレに連れて行きます。うんちがふけない子、全部脱ぐ子はよくいます。何も珍しいことではありません。うんちをふいてあげること、おもらしした服を替えてあげることなどは、先生の仕事です。それを申し訳なく思わなくたっていいんですよ。

それに、子どもの許容量たるや、大人の予想をずっと超えています。友だちの失敗を笑う子なんて、びっくりするほどいないんです。全部脱いでトイレに入る友だちのことも、「そういうこもいるんだな」くらいにあっさり受け止めています。お母さんが心配するほど、先生も友だちも気にしていないものです。

しっとり濡《ぬ》れた「おみやげパンツ」を、「はっはっは、またやっちゃたね」と、笑い飛ばせる母でいてください。

好き嫌いが激しくて

Q　好き嫌いがあるため、お昼御飯が心配です。

A　これまた生活に密着した心配事ですね。

私自身、子どもの頃から好き嫌いが多くて、幼稚園はもちろん、小、中学校でも給食には泣かされてきました。高校に入ってお弁当になったら、ほっとしたのを覚えています。

この悩みは、園が給食かお弁当かでも対処の仕方が違ってきます。弁当持参の幼稚園であれば、初めのうちは量も少なめに、子どもの好きなものを中心に入れましょう。「ぜんぶたべてきた！」と、得意げに見せてくれるようになってきたら、少しずつ量を増やしてもいいでしょう。給食となるとそれができませんが、子どもの好き嫌いを無視して、全て食べるよう強制する先生はいないかと思われます。それで園嫌いになってしまったら元も子もないことは、先生も承知しています。

だいたいの先生は、初めのうちは嫌いなものは残していいこと、食べられる分だけ食べればいいことを伝えます。「全部食べる」ことより、「楽しく食べる」を優先します。そうやって頃合いを見ながら、嫌いなものでも「一口食べてみようか」と励《はげ》ましていく先生が多いように感じます。

そのあたりは各園、各先生の考え方によります。もしも子どもがそれが原因で登園を嫌がるようになったら、それを先生に伝えてください。きっとしっかり対応してくれますから。

意地悪された、という子ども

Q　友だちに意地悪されたと言うのですが。

A　せっかく通い始めた幼稚園。なのに、子どもが「いじわるされた」なんて言い出したら、親御さんは気が気ではありませんね。かわいいわが子がいじめられたなんて、と興奮してしまうかもしれません。

でもね、ちょっと待ってください。園で見ていると、子どもが「いじわるされた」「いじめられた」と訴えに来るには、いろいろなケースがあります。

たとえば、手洗いの順番待ち。年長さんが列を作って、手を洗うのを待っています。そこにまだ、列に並ぶことを知らない新入園児がやってきて、横から手を出して洗います。「うしろにならんでね」と優しく教えてくれる子どももいますが、「い～けないんだ、いけないんだ～」とはやし立てる子どももいます。年長さんの意見はごもっともですが、訳のわからない新人さんは、これを「いじわるされた」と受け止めてしまう場合もあります。

見ていると、「いじわるされた」とひとくくりにしても、そこには様々なやりとりがあります。気持ちの行き違いや、思いが通らなかったもどかしさなど、それは必ずしも大人が考えるような、「いじわる」「いじめ」ではないことも多いのです。

けれど園でのことは家ではわかりません。気になることがあったら、どうぞ先生にお伝えして力を借りてくださいね。

園であったことを話さないのはなぜ？

Q　園での出来事を話したがりません。

A　子どもが親の手を離れて、新しい世界に入っていくと、「何してきたの？」「誰と遊んだ？」と、聞きたいことは山ほどあるでしょう。なのに当の本人と来たら、「わすれた」と、なんにも話してくれない……これは、どこのご家庭でもよくあるようです。子どもにしてみれば、新しい経験が次々と押し寄せてくるため、出来事を把握し切れていないのかもしれません。「自分が並ぶ場所を覚えて二列に並んで、ピアノに合わせて朝の歌を歌った」というのを、どう表現すればいいのかわからないのかもしれません。
もしかしたらちょっぴり悲しいことがあって、話すとそれを思い出してしまうのかもしれません。いずれにせよ、何かしら「話せない」理由がありそうです。

聞きたい気持ちもわかりますが、話すことに負担を感じさせないようにしましょう。いずれ生活が落ち着いてくれれば、ぽつりぽつりと話し始めるものです。そのときは、家事をする手を休めて、子どもに顔を向けてゆっくりと聞いてあげてください。子どもが話したい、と思うまで気長に待つのがいいでしょう。

入園してから言葉が詰まり気味に

Q　園に入ってから、話すときに言葉が詰《つ》まり気味です。

A　これは、先の相談とは全く逆のパターンで、話したくて話したく仕方ないお子さんによく見られます。

「せんせいが、おりがみでいぬをつくってくれた」
「おともだちが、かわいいくつしたをはいていた」
「おへやに、うちとおなじえほんがあった」

見たもの、感じたことを、お母さんに聞いてほしくてたまらないのです。

きっと頭の中には、何を話そうかとたくさんの言葉があふれかえっているはずです。それをお母さんの顔を見たとたん、堰《せき》を切ったように話すものですから、勢い余って言葉が詰まってしまうのでしょう。

お母さんにしてみれば、今までふつうに話していたのに、急に言葉が詰まり始めて驚くかもしれません。けれどそれは一時のことです。園になれて物珍しさが減ってくれば、自然に治っていくはずです。詰まってしまっても、「話し方が変よ」などとたしなめずに、ゆっくりとした態度でいてください。「ちゃんと聞いてるよ」という姿勢でいると、子どもも安心して話せるでしょう。

園に行きたがらない

Q　登園を渋《しぶ》るのですが。

A　大人になってもそうですが、子どもにも波があり、幼稚園に行きたい日、行きたくない日があるようです。それは入園したての頃の他、ゴールデンウィーク、夏休み、冬休みといった長期休みの後が多いようです。休みの日だとのんびり遊んでいられたのに、大好きなお母さんのそばにいられたのに、園が始まるとそうはいきません。

朝早く起きなければならないし、時間までに準備もしなければいけません。「おうちでゆっくりしていた～い」と思うのは、当然のことかもしれませんね。

再び園のリズムに戻るには、しばらく時間がかかるものです。まずは、早めに眠るようにしましょう。休み中は寝る時間が遅くなりがちです。それをそのまま引きずってしまっては、どうしたって朝にひびいてしまいます。寝不足でぼーっとした子どもに朝の支度を促《うなが》しても、さっぱり進みません。それではお母さんもいらいらしてしまい、悪循環になるのは目に見えています。たっぷり眠って自然に目覚めるように、夜は早すぎるくらいに寝かせてしまいましょう。うちの子どもたちも通い始めた頃は、七時には寝かせていました。夏が近づくとまだ明るいので、だんだん遅くなりましたけれど。

それから、あまりにも嫌がるようでしたら、「一回休み」という手もあります。休めるのも、園児のうちです。学校に上がってしまえば、そうはいきません。先生と話し合い、いい道を探ってください。

甘えん坊で一人で小学校に通えるのか心配

Q　六歳の息子はとにかく甘えん坊です。母親である私にべったりで、一人でお使いなどとてもとてもできません。来年からは、近所の友だちと一緒に小学校に通わなければなりません。近所に保育所の友だちはいないので、子ども会のお兄さん、お姉さんと一緒に登校することになります。ちゃんと学校に行けるか不安です。

A　私も娘が学校に上がる前は、全く同じことを考えていました。娘は引っ込み思案の内弁慶でした。おまけに晩秋に新しい土地に引っ越したため、同じ保育園の友だちはおろか、近所に知り合いは誰もいませんでした。

心配で心配で、「不登校になったらどうしよう」と考えたこともありました。けれど、そんなことを考えたって始まりません。

「学校って、楽しいところなんだよ」「給食って、おいしいんだよ」「友だちは、すぐにたくさんできるよ」と、期待を持たせることばかり話していました。娘も「友だち百人できるかな」を歌いながら、入学を心待ちにしていました。

甘えん坊でいつも私の後ろに隠れていた娘は、いま、こちらが驚くほど急成長し、大きなランドセルを背負いながら走って登校していきます。授業を受ける体制は、担任の先生にお任せしましょう。「学校へ行く準備」は唯一つ、「親が心配しないこと」です。

このほかにも、たくさんの個人的な悩みはつきないことでしょう。

心配なこと、あれっと思ったことは、どうぞ遠慮せずに先生に投げかけてください。そうやってやりとりした方が、先生も子どものことがよくわかりますし、お母さんとのコミュニケーションも密になっていきます。

「子どもを幸せにしたい」「楽しい園生活にしてあげたい」と思うのは、親も先生も一緒です。気持ちは同じなのですから、それが叶うよう大人が力を合わせていきましょう。

たこ焼きの思い出

最後に一つ、幼稚園に勤めていたときの私のドジから得た教訓をお話しします。

それは、「先生に伝えたい大事なことは、紙に書いて渡しましょう」ということです。簡単なメモでもかまいませんから。

子どもがどっと押し寄せてくる登園時に、「今日うちの子、園に残しておいてください。後で、迎えに来ますので」と言われたことがあります。「はい、わかりました」と答えたものの、後から後から来る園児、お父さん、お母さんとの会話に、それをすっかり忘れてしまいました。何かの拍子に思い出しても良さそうなものですが、全く持って思い出さないまま降園時間を迎えてしまいました。いつもと変わらずクラスの全員に帰り支度をさせ、「残しておいて」と言われたその子も一緒に園を出ました。

それぞれの子どもを、自宅近くで待っている親御さんたちに渡していくのですが、当然その子のお母さんは見えません。「あれ？　来ないね、おかしいね」と、おかしいのは私の子の方なのに、それでも気がつかないのです。「おうちにいるかもしれない」と言うその子の言葉に、自宅前まで送ってさよならしました。

「さ、お掃除お掃除」

園に戻って玄関を掃《は》いていると、「すみませんでした〜」とお母さんがやってきて、おみやげのたこ焼きを手渡されました。

「ん？　んんん？」

一瞬頭が真っ白になりました。

「ぎゃー！　忘れて帰してしまいましたー!!」

大あわてでお母さんと二人家まで行くと、庭の小屋の中で立っている子どもを発見。ふ〜っと安堵《あんど》の息をして、平謝りで謝りました。

もしもあれが厳冬の時期だったら、もしも子どもが泣いて親を探しに出ていたら、そう思うと今でもどきどきします。たこ焼きを食べるたびに思い出す、苦い事件です。

怖がらせるつもりはありませんが、世の中には私のような、こんな先生もいます。弁解の余地はありませんが、先生も人間、忘れることもあります。ですからどうぞ、大切なことはメモするなり、手紙に書くなりして、目に見える形にしてお渡しいただけると幸いです、ハイ。

第三章

子育てを
ちょっと楽にするために

祖母の教え

新しい家族とのつきあい

結婚した頃、夫の親戚や近所の方々に、よく言われました。

「いいところにお嫁に来たね～。ここの家の人たちは、みんな気持ちのいい人たちだよ」と。

みんながみんな、口をそろえて言うので、なんだか不思議な気分でした。夫の実家の祖母が入院したときには、お医者様までこう言われたそうです。「あなたの家の人は、お日様に干した布団みたいに、あったかい人たちですね」と。その言葉を聞いたとき、「ああ、本当にいい人の中に迎えられたんだな。私は幸せ者だな」と、感じました。

義父はどっしりと構えていて、一見近寄りがたい雰囲気があります。けれど、声をかけ

ると何とも言えない柔らかい表情になり、人を惹《ひ》きつける魅力があります。多くの人の相談に乗り、多くの人に頼られ、けれどそれを決してひけらかさない謙虚《けんきょ》さがあります。たくさんのことに興味を持ち、定年を迎えてからも、ものを学ぶ姿勢に変わりはありません。

義母はそんな義父を陰から支え、よく動き、気の利《き》く人です。ひまわりのように明るく、義母が外から戻ってくると、ふわっと家が息づき始めるのを感じます。家事も育児も、落第点だらけの私にも、いやな顔一つせず、根気よく物事を教えてくれます。誰にでも平等に、優しく接する姿には、教えられることが多々あります。

五年前になくなった祖母もまた、人に好かれる人でした。永年生きてきた人特有のものでしょうか、たいへん柔和で人当たりがよく、年若い私にあれこれと世話を焼いてくれました。いくつになってもきちんとした身なりで、義父の休日には「若い人がゆっくり出来るように」と町の集会所に出向いて過ごしてくる気遣いを持っていました。

その祖母が、生前、家族が仲良く暮らしていくための秘訣を教えてくれたことがあります。それは、とてもシンプルなことでした。

「外で家族の悪口を言わないこと」

これにつきるのだそうです。

いい影響をまわりに伝える言葉と行動

祖母自身が、それを心がけているのは私にもよくわかりました。外で家族の悪口を言わない、と言いますか、むしろいいところばかりを話していました。そして、家の中にいてもそうでした。

家族が祖母のほんわか光線を浴びて、皆ほんわかほんわかしているのです。

世の中には、老人をないがしろにして、いても声もかけない家があると聞いたことがあります。けれど、夫の実家はそんなこととは無縁でした。祖母がいてくれるから、ただそこにいてくれるだけでこんなに温かな空気が流れているのだな、と感じさせられるのでした。

そんな祖母でしたから、家族関係は至って良好で、祖母だけでなく義父も義母も家族の悪口を言うのを聞いたことがありません。

外の人間が、その家の情報を知るのは、中にいる人が言ったことがすべてです。家の中でたとえ諍《いさか》いがあったとしても、通りに聞こえるほど怒鳴りあっているとか、窓からものが飛んでくるなどしないかぎり、そうそうわかるものではありません。

嫁《とつ》いでしばらくたって、その家に帰ったある日のこと、訪ねてきたご近所の方からこう言われました。

「ああ、あんたがここの嫁さんかい？　おばあさんがほめてたよ。いつもニコニコして、めんこい子だと」

ジャガイモの皮もまともにむけず、米の研《と》ぎ方もぎこちない私です。数え上げれば悪口の方がずっと多くあるはずの私を、祖母はそんなふうに話してくれていた。ありがたくてありがたくて、涙が出そうでした。

そう言われたら私だって、祖母を悪く言えるはずがありません。気がつけばすっかり私もほんわか光線を浴びて、家族のいいところばかりを人に話すようになっていました。

人を変えることは難しくても、自分だったら今からでも変われます。あなた一人は小さくて、出来ることもわずかでしょう。けれど、池に小石を落とすとまわりに波紋《はもん》が広がるように、あなたの一言、したことが周囲に影響を与えていきます。せっかくですから、気持ちのいい言葉を発し、気持ちのいい行動をして、いい影響をまわりに伝えられたら、と願います。

まずは自分が変わること。

そこから、新しい未来が始まるのです。

育児危機を乗り越えた告白

下の子ばっかりかわいい？

初めての育児は、緊張の連続。ですが、やはり自分の子どもです。

「この子ってさ、他の赤ちゃんよりかわいいんじゃない？」

「そうか、俺もそう思う」

なんて、親ばか的会話を真顔でしていたものです。

ですから、二人目を妊娠してから、上のその子に愛情を感じられなくなった自分に、相当とまどったものです。

私は吐《は》きづわりするたちで、吐いてしまうまでの数時間、ずっと横になる日が続いていました。車に酔ったような感じが、毎日毎日繰《く》り返されます。息を吸うのも気持ち悪いほ

ど、まして子どもの相手など出来ませんでした。けれどそんなこと、子どもは知ったこっちゃありません。

「ふ～、ふ～」

と横たわっている私の腹に、どーんと乗ってきます。

「おえっ」

あまりの仕打ちに、涙目になります。しかる気力もなく、

「お母さんは苦しいの。乗らないでね」

と途切れ途切れに訴えても、寝ている人には上がりたいようです。

「苦しい～、苦しい～」

そんな日々が、三か月も続いたでしょうか。つわりがおさまってからはまた外遊びも再開し、和《なご》やかに日々がすぎていきました。

が、下の子どもが生まれてから、また気持ちがぶり返したのです。せっかく寝たと思った赤ん坊を、上の子が走り回って起こします。夜中にする授乳のたびに、上の子も起きて泣き出します。夕方になるとぐずって泣く赤ん坊を見て、自分も抱っこをせがみます。夜、何度も起きて授乳だおむつだとやっていると、いつも寝不足でいらいらしてしまいます。それが、上の子の行動がきっかけで、爆発してしまうことがよくありました。

私一人じゃ、大変なの

「下の子が生まれたら、上の子をしっかりフォローしてやってね。赤ちゃんなんて、おっぱい飲ませて寝せておけばいいんだから。上の子を大事にね」とは、よく言われていましたし、そうしなくちゃと思ってもいました。

でも、気持ちがついていかないのです。一生懸命やっているのに、それをじゃまされているような気がして。

生まれたばかりの赤ちゃんは無条件に愛らしくて、「私が守ってあげないと、生きていけない」。そう思うと、下の子への愛情に拍車がかかります。

「こんなふうに思う私って変なのかな?」

「他の人はこんなとき、どうしてるのかな?」

そう思って、先輩ママに相談しました。するとその人は、こんな答えをくれました。

「子どもがかわいかったり、かわいくなかったりすることって、誰でもあるよ。それって、自然なことじゃないかな。いくら親子でも、相性だってあるし、成長の段階でも変わってくると思う。それで自分を、だめな母親だなんて思ったりしないで。だんなさんに力を貸してもらったらいいよ。何もかも自分一人で抱え込むのは、大変だよ。上の子は、だんなさんにフォローしてもらいなよ」

それまで上の子は、ご飯を食べさせるのも私、お風呂に入れるのも、寝かしつけも、夜泣きをなだめるのも私の仕事でした。子どもが一人のときは、それでもよかったのです。ですが、もう一人生まれた今、赤ちゃんの世話と共に、それら全てを担当するのはもう限界に来ていました。

「私一人じゃ、大変なの。このままじゃ、華凜《かりん》をかわいく思えないんだ。夜、一緒に寝てやってくれないかな」

そう言った私に夫は、「自分の子どもだろ？　かわいくないなんて、どうして思えるんだよ」と怒りました。でも私は、ずっとため込んでいたものをはき出し、少し気持ちが軽くなるのを感じました。

蘇《よみがえ》ってきた上の子への愛情

その夜から、夫は娘と同じ布団に眠りました。

「おかあしゃんは？」と少々不安げな様子でいましたが、私も隣にいるので安心して寝入っていきました。

問題は夜中です。こっそりと授乳しおむつを替えていても、気配で娘も起き出します。夜中に泣き出すと、夫がいくらなだめても、抱いてもだめです。赤ちゃんを寝かしつけてから、娘を寝かしつけるのはやっぱり私の役目。それでもあきらめず、夫と二人三脚の育児が続いていきました。

寝てばかりの赤ん坊も、少しずつ大きくなっていきました。寝返りできるようになり、座れるようになり、はいはいを始めました。

それまでは動けない息子をおもちゃの延長のように扱っていた娘でしたが、はいはいし始めた頃から一緒に遊べるようになりました。一緒にはいはいしながら押し入れに潜《もぐ》り込んだり、追いかけっこしたりしています。

こういったことを赤ちゃん返りというのかわかりませんが、私にとってはほほえましい光景でした。

二人で布団をかぶってきゃっきゃとはしゃぐ声や、自分の食べ物を分けてやる姿に、また「かわいいな」が蘇《よみがえ》ってきました。その頃には娘もだいぶ新しい生活にも慣れ、夜中の夫の寝かしつけも受け入れるようになっていました。子どもの成長と、家族の協力。この二つのおかげで、私は育児の危機を乗り越えることができました。

「助けて」という一言から

育児は母親一人では、負担が大きすぎます。子どもが二人、三人と増えたらなおさらです。だんな様の育児参加は、必要不可欠となります。そのために、立ち会い出産から始めるのもいいでしょう。

できれば一人目の子どもから、「この子、パパが大好きなんだよ」「パパから食べさせてもらうと、いっぱい食べるのよ」と持ち上げて、気持ちよく巻き込んでいけたらいいですね。

何もかも背負い込んで苦しくなってるお母さん、「助けて」と手をあげてください。そこから、より良い道が見えてくることがありますから。

あなたの子育て、何タイプ？

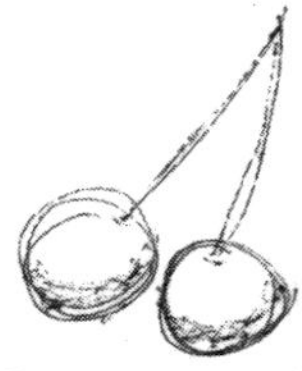

子宮に戻ってくれ〜

幼稚園を退職し、今度は自分が子どもを産む番になったとき、私にはただならぬ自信がありました。

「私は子どものことはよく知っている。絶対いい母親になれるはずだ」と。

ところが生んだ瞬間、その自信は土砂崩れを起こしました。

「こんなはずじゃなかった」「こんなこと聞いてない」と言ったことばかり。

マタニティーブルーなのか、産後うつ病なのか、育児ノイローゼなのかわかりませんが、とにかく育児が楽しめないのです。赤ちゃんと一緒にいることが、苦痛でたまらないのです。眠い、だるい、子宮に戻ってくれい、という感じでした。

そんな私も子ども二人の母となり、ぜーはーしながらも何とか毎日を乗り切っています。二人目の子どもがやんちゃ坊主で、全く言うことを聞かない時期にはほとほと困り果てました。服を着るのが大嫌いで、いったん裸になったら、「しめたっ」とばかり逃げ出します。いつだったか、お風呂から上がってもずっと裸のままのことがありました。それでもどうにか捕まえて、シャツまでは着せたのですが、おむつをいやがって押し入れに潜《もぐ》り込んでしまいました。母曰《いわ》く、「ちんぷら」状態です。この「ちんぷら」、天ぷらを食べているときに思い出すと、吐き出しそうになります。体力低下気味の私は、朝から何度と繰《く》り返されるこの脱走劇に嫌気がさし、「もう勝手にしてくれ」と放っておきました。「おしっこはトイレでしてよ」と言いつつ。

しばらくは、はしゃぐ声が聞こえていました。が、そのうち静か～になりました。子どもが静かなときって、たいてい何かしているんですよね。「これはあやしい」と思い、そっとのぞいてみました。

すると息子は、押し入れの布団に座って、うんちを半出しにしていたのです。けれどきっと彼の中にも、「ここでしちゃいかん！」という理性が働いたのでしょう。「したい」の と、「しちゃいかん」の板挟《ばさ》みとなった彼は、物体をおしりに挟んだままで、布団に手をつきながらずるっずるっと前進し始めたのです。

おかげで布団には、幅約二センチメートル、長さ約二〇センチメートルほどの茶色い線路が引かれました。それを見た瞬間、全身の毛穴が、どばっと開いたような気がしました。人が見たら、全毛穴からしゅーしゅーと蒸気《じょうき》が出ていたことでしょう。

その後のことは、ご想像にお任せします。

親は三つのタイプに分けられる

こんなふうなので、いつまでたっても母親としての自信がつきません。

「ああ、怒りすぎちゃった」「どうしたらいいの」と、後悔や迷いのオンパレードです。

悩んだときには、私は人様の話を聞きに出かけます。

心理カウンセラーの方は、こんなことをおっしゃっておりました。

「親は大きく見て三つのタイプに分けられます。一つは放任型。一つは家来型。もう一つは支配型です」。あなたはどのタイプだと思いますか？　例をあげて考えてみましょう。

〈例1〉おやつは、どのように与えていますか？

A、子どもがほしがったときに、ほしがるだけ

B、時間を決めているが、ほしがるとあげることもある
C、時間が来たら、量を決めて与える

〈例2〉お菓子を買わない約束で、スーパーに行きました。けれども見たらほしがって泣き叫びます。どうしますか？
A、二回に一回は、渋々買う
B、いつも買う
C、約束なので、買わない

〈例3〉外食に出かけました。子どもが店内で騒いだら、どうしますか？
A、放っておく
B、注意はするが、ある程度許してしまう
C、即刻注意してやめさせる

いかがでしょう。
Aの多い方は、放任型

Bの多い方は、家来型
Cの多い方は、支配型
となります。「A、B、Cが一つずつ」という方は、後は直感でお答えください。

寂しがり屋になりやすい放任型

一つずつ、見ていきましょう。

まずは、放任型。このタイプの親に育てられた子どもは、寂しがり屋が多いそうです。親が自分にかまってくれない、目を向けてくれない、と、どこかでいつも満たされない心を抱いています。そんな心の穴を埋《う》めてくれる誰かを求めて、大きくなってから仲間や異性にのめり込んでしまう傾向が強いのだ、とか。

健全な範囲で、友だちや異性を慕《した》う分には問題ありません。けれど渇《かわ》いた心に優しさや愛情を注いでもらえる快感を求めて、性に走ってしまう女の子は、この放任型の親に育てられた子どもが多いそうです。

続いて家来型です。最近、友だちのような親子関係を望む方が増えています。聞こえはいいのですが、実際は子どもに振り回されてヘイコラしているタイプを、家来型と呼ぶのだそうです。幼稚園の親御さんにもいました。どちらかというと「友だちママ」よりも、「友だちパパ」の方が多かったように感じます。園まで子どもの荷物を持たされて、着くと靴を脱がしてあげて、制服のボタンをはずしてあげて。あげくに、子どもに「もお、帰れ」と憎まれ口を言われながら帰って行く。

親がこんなことをしていると、子どもはわがままになるのではないでしょうか。家の中だけで暮らせるのならそれでもいいのかもしれませんけれど、社会に出たら苦労することでしょう。家来型の親になって、仲間から煙たがられる子どもにしないよう、親として教えるべきことは教えていきたいな、と思うのです。

私は支配型？

最後に支配型です。私はこの方のお話を伺《うかが》いながら、「自分はこの、支配型の親なんじゃないかなー」と感じていました。するとその人がすかさず、「こうして熱心に子育ての話なんか聞きに来る人っていうのは、ほとんどがこの支配型でしょう」とおっしゃいました。どきっ。

私はスーパーでお菓子をねだられても、買わないと言ったら買わないし、おやつだって時間厳守です。ですが、外食に行って子どもが騒ぐと、最初は注意しますけど、アルコールが回ってくると気が大きくなって放っておくことがあります。いやな客です。

この支配型の親に育てられた子どもは、「親に愛されている」という実感を持てないのだそうです。私としてはしつけのつもりで、スーパーにしてもおやつにしても、約束を守らせているんですけれど。それは子どもにしてみれば、「冷たい母親、厳しい母親、きっと自分を愛してくれていないんだ」と、受け止めてしまうのでしょうか。鼻っぱしを折られた気分でした。

この支配型の親に育てられた子どもは、一見「いい子」なのだそうです。でもそれは、大人にとっての都合のいい子、という意味であって、決して人間的に優れた子という意味ではないのだそうです。

こんなふうに私も、人様から何かしら吸収し、いい親になりたいともがいています。その道のりは果てしなく遠くて、いつがゴールなのかわかりません。いつか子育てに一段落つく日が来たとしても、子育てが成功したのかどうかはわからないでしょう。

子どもが成長し、やがて自分も親になったとき、「あのときの母さんの気持ち、今になってよくわかるな」、そう思ってもらえれば、私はそれでいいのです。

小さな一歩から夢は叶う

夢は起爆剤

「あなたの夢は、なんですか？」

私がいつも、人に問うセリフです。聞かれた人はとまどいながらも、答えてくれます。

「う〜ん、ちょっとの間でいいから、子どもと離れて、一人でのんびりお茶することかな？」「南の島に家族で移住して、魚を釣ったり、木の実を取ったりして暮らすの」「家族が健康で、幸せであれば……」「宝くじを当てたい」など、さまざまです。私はそんな、はにかみながらもきらきらした瞳で答えてくれる、その顔を見ているのが好きです。

一度だけ、こんな方と出会ったことがあります。

「夢は、あった方がいいのでしょうか？　僕は、現状に感謝して過ごしているので、夢はありません」と。

そんな考え方もあるのだな、おもしろいな、と不意打ちを受けたような気がしました。現状に感謝することは、大事なことだな、と自分を省《かえり》みました。

けれど私にとっての夢は、前に進むための起爆剤なのです。自分の怠慢さをいやというほど知っているので、常に何かを追っていないとだらけてしまいます。

少しずつでいい。ゆっくりとゆっくりと夢に向かって歩き続けることが、私らしいあり方かな、と感じています。今までの人生でもたくさんの夢を持ち、それに向かって進んできました。忘れっぽい性格なので、叶った夢は覚えていますが、叶わなかったものは忘れてしまいました。ですから、「夢は叶う」が、私の持論です。「夢は夢のままでいい」なんて寂しいことは言わず、たった一度の人生ですから夢は叶えてしまいましょう。

それでは次から、私流ではありますが夢の叶え方についてお話しして参ります。

日常の夢を大切にすることから

小さなお子さんを育てていらっしゃる方は、毎日が怒濤《どとう》のように過ぎていくことでしょう。朝ご飯を作って、掃除やゴミ出しをして、皿を洗って洗濯かけて……。赤ちゃんがいるご家庭では、着替えをさせて、ご飯を食べさせ、片付けをして、ふ～っと一息ついたかと思うと、抱っこをせがんでむずがられ。

そんな、忙しい日々を送っていると、自分の夢なんてすぽんと抜け落ちてしまうかもしれません。

それでも、「あ～、温泉にでも行ってのんびりしたいな」「一晩でいいから、朝まで起きずに寝ていたい」くらいのことは、思うんじゃありませんか？　そんな、ささやかな夢でもいいんです。

そして、「よし、行こう」「一晩だけ、夜の授乳をだんなに替わってもらおう」と決めると、なんだか楽しくなってきませんか？　平凡な毎日に、ほんの少し張り合いが出来ます。

これらは、ちょっとその気になれば手が届くところにある夢です。

実はこの、「ささやかな夢を叶える」ことが、「大きな夢を叶える」ために、とても大切なのです。

「温泉に行けた、夢が叶った」

「一晩中眠れた、夢が叶った」

この、「夢が叶った」という積み重ねが、あなたに「夢は叶う」という確信を与えるのです。そう思えればしめたもの、どんなに大きい夢でも叶えられる気がしてきます。そして嬉しいことに、人間は思ったとおり、イメージしたとおりの現実を呼び寄せる生き物です。ですから、あなたが「叶う」と信じたら、夢の方からあなたに近づいてくるでしょう。「オープンカフェを開きたい」「子ども服のお店をやりたい」。今はまだ子育てに忙しく、大きすぎるように感じる夢でも、それを持ち続けていればいつか花開くことでしょう。そのためにもまずは、「ささやかな夢を叶える」、そんなことから始めませんか？

表に出す

「表に出す」。これは、夢を自分の中にだけしまっておくのではなく、口に出したり、行動に移したりして、人に伝えることを意味します。私は、子育て講座などでお母さんたちとお話をするときも、よく「あなたの夢はなんですか？」と尋《たず》ねます。すると、それを聞いた他のお母さんが、「あ、私も同じこと考えてた」「あ、それならあの人が詳しいよ」と、さまざまな情報をもたらしてくれるのです。

「口に出す」

たったそれだけのことで、夢を叶えるのに有効な手段や気づきが見えてくるのです。これを活用しない手はない、と思いませんか？

なんの取り柄《とえ》もない私が、こうして本を書かせてもらえることになったのは、「行動に移し」て、表に出したためです。

私は、最初の子どもが生まれて一か月の頃から、手作りで育児の小冊子づくりを始めました。なまじ幼稚園の先生などしていたものですから、「子育てなんて、簡単よ」という、大間違いの認識を持って育児をスタートした頃です。それが間違いだと気づくのに、一日もかかりませんでしたけれど。

生まれたばかりのわが子は、抱っこでは寝ても、おろせば泣くの繰《く》り返し。猿の親子よろしく、三か月まではず～っと抱っこしたまま。食事もトイレももちろんのことで、顔を洗えない日もありました。

考えてみると、幼稚園の子どもなんて時間が来れば帰って行くのです。帰してしまえば、こちらの時間。仕事にもじっくりかかれるし、お茶も座って飲めるのです。ところが自分の子どもとなると、何時になっても家にいます。新生児のうちは、朝も夜もあったものじゃあありません。二四時間営業のコンビニを、一人で切り盛りしているようなものです。「これは、とんでもない大事業だぞ」、突入して、初めてわかった真実でした。

「じゃあ、なんでそんなたいへんなときに、冊子づくりなんかしたの？」と、尋《たず》ねられます。予想以上にたいへんな育児に直面したとき私は、世の中のお母さん全員を尊敬しました。「みんな、すごい！」「女って、えらいぞ！」と。

そして、おこがましいのですが、同じ思いで育児をしている人を応援したい、楽にしてあげたい、と思いました。「それじゃあ、私に出来ることはなんだろう」と考えて出た答えが、保育者として経験してきた育児のこつや知恵などを伝えることだったのです。


「やろう」と決めると、なんだかわくわくしてくるのです。頭の中で考えたことを文章に起こして、見やすいようにレイアウトを考え、カットや四コマ漫画も入れたりして進める作業は、たいへんな育児の中にも、潤《うるお》いを与えてくれました。


そんなことをしていると、やはり情報も集まってくるのです。

「ペンはこのメーカーのものが、にじみが少ないよ」

「製本するなら、いいところを紹介してあげる」

こんな言葉に助けられながら、最初の冊子が出来ました。薄っぺらで、手書きの冊子でも、私にとっては思いの丈《たけ》がぎゅっとつまったものでした。

すると今度は、「友だちに、売ってあげる」と、たくさん持って行ってくれる方、「今度は、こんなテーマで書いてください」とリクエストをくれる方、そしてとうとう、その6冊シリーズを出版社に送ってくださった方がいて、今の私があるのです。

私がしたことは、想いを形にしただけのことです。それを、たくさんの方が応援してくれて、つないでくれて、「本の出版」というビッグな夢が叶いました。

あなたの中の、「わくわく」に正直になってください。小さな一歩から、夢は始まるのです。

いい言葉を使う

「いい言葉を使う」。これは、夢の叶え方を抜きにしても大事なことです。

私には、自分では気づかないことを教えてくださる、すてきな先輩がいます。その方が、こんなことをおっしゃっていました。

「言葉っていうのはね、光透波《ことば》とも書くのよ。池に小石を投げると、そこから波紋が広がるでしょう？　最初は小さいけれど、遠くに行くに従ってどんどん大きくなっていくわね。

言葉も同じなの。あなたが発した一言が、光の波となってまわりの人に透《とお》っていくのよ。近くにいる人にはもちろんだけど、遠くにいて自分からは見えない人にだって、その波は伝わっていくの。遠くの人には声としては伝わらない。けれど、いい言葉を発すれば感覚として心地よさは伝わっていくし、とげとげした言葉を発すれば荒い波として伝わってしまうものなの。だからみんなが心地よくいられるように、誰が聞いても気持ちのいい言葉を話すようにしようね」

確かに、愚痴《ぐち》や他人の悪口ばかり言う人のそばにいても、ちっとも楽しい気分にはなれません。一緒にいたいなと思わせる人は、やはり心地よく過ごせる人。それが誰かというと、いい言葉を発し、いい光の波を透している人なのでしょう。

言葉というのは、不思議なものです。ふつうは「思ったこと→言葉にする→行動が伴う」という流れになりますが、「思ってもいないこと→言葉にする→行動が伴う」というのも有りだな、と感じます。

心の中で感じたこととは全く違うことでも、口に出してしまえばその通りに思えてくるから不思議です。

たとえば、こんなときに使えます。

子どもが泣いて、手に負えないときがあるでしょう。私はそうなると、「もう！　いつまで泣いてるの!!」と怒ってしまうことが多いのです。けれどそんなとき、ふと先の原理を思い出して、「泣いてる顔もかわいいね。大好き、チュッ」と、思っていなくても口走ります。人間、そう言ってしまうと、「大好き、チュッ」な気持ちになってくるんです。そうなると、子どもが泣いてお母さんが怒り狂うようなパターンから解放されて、鼻水でべちょべちょの子どもを抱きしめたくなります。

子どもをかわいいと思えないとき、忙しすぎていらいらするとき、とりあえず、「あー、かわいい」「あー、楽しい」と言いまくってください。すると、気持ちも行動も、いつの間にかそうなってきますから。そう考えると、いい言葉を発することが出来れば、まわりにいる人はもちろんですが、何より自分が一番幸せでいられます。

肯定的な言葉は生き方を前向きにする

言葉というのはこのように、人とのコミュニケーションの手段としてだけでなく、人の行動や心理面まで影響を与える、計り知れない力を持っているようです。

夢を叶えるために、そんな言葉の力を借りることが出来ます。以前誰かが、人の話し言葉の八〇％は否定形だと言っていました。

「ああ、ご飯作らなくちゃいけない」「時間がない」のように、無意識のうちに否定の言葉で語っているそうです。言葉は心の持ち方に影響しますから、否定形を多く使う人のものの見方や考え方は、否定傾向が強くなるそうです。

夢を叶えていくのは、肯定で考えられる人です。

失敗して腐《くさ》ってしまうのではなく、何がいけなかったのか、それを糧《かて》にしてステップアップしていける人です。自分に足りないものを数え上げて落ち込むのではなく、いいところを見つけて伸ばしていける人です。

そうやってプラスに考えられる人に、人も夢も寄ってくるのではないでしょうか。

そのためにも、言葉の力を借りましょう。「ああ、ご飯作らなくちゃいけない」よりも、「よし、ご飯作ろう」に。「時間がない」より、「もう、時間だわ」に。それが肯定の話し方です。こんなふうに意識的に使う言葉をシフトさせていきましょう。最初は難しいです、習慣を変えるのですから。でも大丈夫、そのうちだんだん板に付いてきます。

すると話し言葉だけでなく、考え事をするときも、頭の中には肯定の言葉がぽんぽん浮かぶようになります。すると好循環になって、ものの見方や考え方まで肯定的になり、いい方へ考えられるようになります。

そうやって、夢にまた一歩近づいていきましょう。

お母さんお父さんなど、まわりの大人がいい言葉を使うと、子どももそのように話すようになります。言葉は模倣《もほう》で覚えていきますから。

すると、子どもの夢も叶いやすくなるでしょう。

第四章

しつけと心に届く話し方

あなたの言葉、届いていますか？

ほめる・しかるは難しい

子育て中のお母さんたちと話していると、「ほめ方」や、「しかり方」に悩んでいる方が多いことに気づきます。「いくら言ってもわからない」「どうすればいいの？」と。

それで、考えるようになりました。

よく、「耳の穴かっぽじってよく聞け」とか言いますが、いくらかっぽじったところで、何も変わりません。考えれば考えるほど、「聞く」「聞かない」というのは、「耳」ではないような気がしてきます。

それではいったい何なのか。

「心」なのかもしれません。

心で受け止められたことは、「ああ、そうか」と腑《ふ》に落ちるような気がしませんか？

そしてその、「心で聞く」ことが出来るかどうかというのは、子どもサイドの問題ではなく、私たち親がどんな態度で、どんな言葉で話すかにかかっています。

ではどうすれば、そんな「心に届く話し方」が出来るのでしょうか。

あなたは妊娠中、どんなことを考えていましたか？

「おっぱいはちゃんと出るかな？　ミルクも準備した方がいいかな？」

「短肌着《たんはだぎ》、長肌着《ながはだぎ》って何のことだろう？」

「どんな名前にしようかな？」

きっとあれこれ悩んだことでしょう。そして、「こんなお母さんになりたいな」ということも、想像しましたよね。

私も想像をふくらませました。優しいお母さんになりたかった。いつもいつも温かなまなざしで子どもを包み、決してがみがみ怒らないお母さんに。

それが、生まれてきたらどうでしょう。

昨日までは好きなときに好きなだけ眠って、休日ともなれば気心の知れた友人とランチにショッピングを楽しんでいた人間が、です。生んだ瞬間、「お母さん」と呼ばれるのです。確かに物理的には、お腹から出て二人の人間に分かれたのですから、「お母さん」になったことは理解できます、頭では。

けれど、気持ちが付いていかないのです。目の前に「ほら、あなたの赤ちゃんですよ」と差し出されても、なんだか実感がわかないのです。母親になっても、眠いものは眠いのです。ゆっくりご飯も食べたいし、お風呂にだって入りたい。

それまでに見る赤ちゃんは、ぷくぷくしていてかわいくて、あやすと笑い、ぐっすり眠るのでした。赤ちゃんにはそんなイメージしか持っておらず、当然そんなふうに生まれてくるものだと思っていました。

ところが。

生まれてきたわが子ときたら、毛が生える前の鳥の雛《ひな》のようでした。目は細いのに眼球がやたら大きくて、顔の半分を眼球が占領しています。手足は小枝のように細くて、まるで肉がありません。首はふらついていて、ちょっと油断しようものならがっくんと後ろに倒れてしまいます。表情はほとんどなく、唯一、眠りに落ちる瞬間、なぜか白目になってにやりと笑う（ように見える）だけでした。

心に届くのは質のいい言葉

こんなふうに始まった私の育児は、いつだって想像とは違っていました。

子どもがはいはいできるようになったらなったで、それはとても嬉しい成長である反面、それに伴っていたずらも増えてきます。そうなるとほめることなんてすぽんと忘れて、おっかない母さんになっているときが多々ありました。

怒っているとき思うんです。

「なんでこんなに怒っているのに、聞いてくれないんだろう」「少しはわかってよ」と。

こちらがいくらかみ砕《くだ》いて言葉を尽くして話しても、すぐまた同じことを繰《く》り返していたり、ぼんやり上の空だったり。

けれどそれは裏を返せば、子どもにとっては「ああ、またなんか言ってるな」と慣れっこになってしまっていて、言葉が素通りしているのだと思います。そう考えると、子どもをしかるのには、本当にしかる必要のある場合だけしかる、普段はあまりしからない、というのが理想です。

私自身反抗期の頃を思い返すと、母からは顔を合わせるたびに小言を言われていました。

「前髪が長い」「少しは部屋を片付けなさい」といった具合に。自分でもわかっているんです。「そろそろ髪を切らなくちゃ」「部屋が散らかっているな」と。けれど、わかってはいてもそれをいちいち指摘されると、かちんときてしまってよく口げんかをしていました。

そんなときは却《かえ》って、無口な父の「しっかりしろよ」といった短い文句の方が、なぜだかずしんと胸に響いてくるのでした。

それと同じなのではないでしょうか、「心に届く」というのは。それはきっと、「言葉の数」ではなく、「言葉の質」なのでしょう。特にしかるときは、たくさんの言葉をぶつけるのではなく、良質の言葉を、ぽんとかけてあげられたらいいですね。

しかるときの私の目安と態度

月に一度のお楽しみ

あなたは、どんなときに子どもをしかりますか？　食事のときですか？　歯磨きのときですか？　私はそんな代表的な場面に加えて、寝不足のときやお腹がすいたときにいらいらしてしまいます。子どもっぽいでしょう？

それから、「冬」です。春、夏、秋ならば笑ってすませる些細《ささい》なことも、雪国ですから、密室育児になってしまう冬は、かーっと頭に血が上ってしかりとばしてしまうことがとても多かったのです。後になって友だちにそんなことを話すと、「私も、私も」と言ってくれる人がほとんどで、みんな同じような状態にいるのだな、と思います。

育児をしていると、小さなストレスがしんしんと積もって、爆発しそうになることは、誰にでもあるのではないでしょうか？　けれど、それを子どもにぶつけてしまうのはかわいそうだと、冷静なときに考えれば自分でもよくわかります。

ということは、そのストレスをうまく逃すことが出来れば、しかる場面はかなり減るのではないでしょうか。

ではどうやって逃すのか、私なりの方法をご紹介いたします。

主婦業で、二人の子どもが四六時中静電気のようにまとわりついていた頃の私にとって、一番のストレス解消法は実家の母や夫に子どもを預けて出かけることでした。ほんの小一時間でも、子どもと離れて外の空気に触れると、すり切れそうになった気持ちが安定してくるのがわかります。一人でぶらぶらとウインドウショッピングなどしていると、初めのうちこそ、前から気になっていたファッションや雑貨に目が行きますが、そのうちよその子の姿を目で追っている自分に気がつきます。「おかあさん」と言うその声に、自分が呼ばれた気がして振り返ってしまうこともよくあります。

久しぶりに一人でお茶を飲んで、持参した本でも読むつもりが、地下の食品売り場に行って子どもの好物を選んでいたりします。そうなると、気持ちはすでにわが家へ。「たまにはゆっくりしておいで」と送り出してくれた家族が、びっくりするほど早く帰ってしまうのです。「なんだか会いたくなっちゃって」との本音をごくんと飲み込んで、「果物が、悪くなると困るから」なんて、どうでもいい理屈をくっつけて。

「おかえりなさ〜い」と駆け寄り、おみやげ袋を奪って右足にしがみつく娘と、とてとてとやってきて、左足につかまる息子。

「やれやれ、また静電気生活に逆戻り〜」

すっかり気分転換した私は、二人を足にくっつけて、よいせよいせと歩きながら、「これも悪くないな」と思うのです。

子どもを預けての外出は私にとって、多くても月に一回程度のスペシャル・イベントでした。

“自分だけの幸せ”をキープする

では、日常出来るもっと小さなストレス解消法は何かといいますと、「自分だけの幸せを用意しておく」ことです。

母であり妻である女性は、ともすると自分のことは後回しになり、いつもいつも家族優先になってしまいます。それはときには必要なことですが、たまには自分のこともかまってあげる余裕がほしいな、と感じます。

自分の気持ちが空っぽでは、人に優しくなれません。

自分を満たすことで、人にも優しくなれるのです。

そんな言い訳をしながら、いつもよりちょっと贅沢《ぜいたく》なケーキを自分用に買ったり、子どもが寝たら見ようと、好きなDVDを借りておきます。

そうして、子どもが何かいたずらをして、しかりそうになったときには、とっさにそれらのものを思い出すのです。「ケーキがあるぞ」「DVDを見るぞ」と。するとなんだか嬉しくなって、声のトーンが柔らかくなるのです。

この手で、しかることが半分くらいに減りました。それでもまだ多い、というのが私の場合情けないところですが。

よくしかっていることを、常日頃から「こうしてほしい」とわかりやすく伝え、習慣に出来ればしめたものです。誰でも子どもと一緒に道を歩いていると、「信号が赤のときは止まるのよ。青になったら渡ろうね」と話すでしょう。何度も何度も言われるうちに、子どもはそれを身につけていきます。

他のことでもそれが出来れば、しかる場面は一つ減るのです。

子どもは水が大好きなので、水道の水を勢いよく出し過ぎてお母さんに怒られているのをよく目にします。そんなときにも、頭ごなしにしかるのではなく、「お水は鉛筆の太さで出そうね」と具体的に示し、子どもの手を取って一緒に水量を調節してください。「これがえんぴつのふとさか」と理解できるようになれば、そのことではもう、しからずにすむことでしょう。

しかるときは後ろから抱き寄せて

けれど日々子どもと一緒にいると、「ここはしかった方がいいのか、どうか」と迷うことがあります。私はしかる際の基準として、次の二つを目安にしています。

人に迷惑をかけたとき

危険なとき

しかりそうになったら、これを思い出します。それで、「あ、今人に迷惑をかけた」「危険！」と感じたときには、迷わずしかります。

そのしかり方にも、ポイントがあります。

よく、「ほら、ちゃんとママの目を見て！」というお母さんがいます。けれど、しかられるとわかっているのに、気合いの入ったママの目を見つめ返すのは、子どもにとってかなりな苦行です。こう言われた子どもはたいていい目をそらします。中には寝たふりをする子どももいます。大人だって上司からしかられるときは、なかなか目なんて見られないでしょう？　それと同じことです。

ではどうすればいいでしょう。

私は子どもの背中側に回るようにしています。そうして、後ろ側から抱き寄せて膝《ひざ》の上に座らせます。すると目も合いません。そして何より子どもって、お母さんに触《ふ》れられると、ふっと体の力がゆるむでしょう？　体がゆるんだのは、心もゆるんだ証拠です。

そうなると閉ざされた心がほどけて、子どもはお母さんの言葉に耳を傾けてくれるのです。

これで体制づくりはオーケー。

そこで今度は、「質のいい言葉をぽんっ」ですが、どんな言葉がそれにあたるのでしょう。

子どもをしからず、行為をしかろう

たとえば今、隣の奥さんが大事に育てている花を子どもが折ってしまったと仮定します。

これは、隣の奥さんにご迷惑をおかけしたのですから、私の基準ではしかることになります。

このときにかける言葉をご一緒に考えましょう。あなたなら次の二つのうち、どちらの言葉をかけるでしょうか？

Ａ「大事なお花を折るなんて、悪い子ね」

Ｂ「大事なお花を折るのは、悪いことなのよ」

さあ、どちらでしょうか。

Ａでしかられた子どもは、自分のことを「悪い子」と思ってしまうでしょう。

Ｂでしかられた子どもは、自分の「何が悪いのか」に気がつくはずです。

悪者を、「やった子ども」にするか「やったこと」にするかで、意味合いは大きく違ってくるのです。

悪いのは子ども自身ではなく、行為です。そこのところをしっかりと区別してしかれたらいいな、と心がけています。

では、

「お店の人が見ているから、やめなさい」

「怖いおじさんに怒られるわよ」

といった言い方はどうでしょうか？

これでは何が悪くて注意されているのかわからないだろうな、と思います。ただ、お店の人や怖いおじさんを恐れてやめるだけでは、何の解決にもなりません。

「誰も見ていなかったらやってもいいのかな」、そんな、極端な考えを持ってしまう危険性だってあります。「誰も見ていなければ、何をしてもいい」といった思考回路を作って成長するとき、それはとても悲しい事件を生むような気がしてなりません。

人をだしに使うことなく、子どもを悪者にすることなく、何が悪いことかを伝える。これらのことを心がけてしかると、子どもは理解しやすいでしょう。

ほめるタイミングとほめ言葉

ほめるのは簡単？

ほめられるのは誰でも嬉しいものです。いい大人になった今でさえ、ほめてもらえるとお世辞でも単純に喜んでしまいます。素直じゃなくて、人の注意にむっとしてしまう私でも、ほめ言葉にはすぐに反応します。

ほめられるのは、しかられるより、ずっとストレートに心に入り込んできます。ですから「ほめる」というのは、「しかる」よりも簡単そうなのですが、使い方を間違って思わぬ落とし穴にはまったことがあります。

幼稚園の先生をしていたときの私は、子どもをうんとほめました。

「わ～、○○ちゃん、お片付けが上手ね～」「○○くんは、もう給食の準備が出来たの？

すっごーい！」と、大げさに。

けれどそれは、本心からそう思ってほめていたわけではありませんでした。ほめると子どもはがんばりますし、それを聞いたまわりの子どもたちも一斉にやり始めるのです。すると、何十人もが散らかしたおもちゃが、あっという間に片付きますし、一人一人に手を貸さなくても、さっと準備が終えられました。楽だったんです、私が。なんだかずるい気もするのですが、白状しますとそれをねらってほめることがままありました。

ところがあるときから、「これでいいのかな？」と、思い始めました。

クラスに何でも一番にさっさとこなして、いつもほめられるAちゃんという子どもがいました。

片付けや準備はもちろんのこと、「あ、いま、せんせいは、がようしをわたそうとしているな」と察して、真っ先に並んでいますし、「あ、せんせいがそとにいこうとしている」と、自分も帽子をかぶって待っているような子どもでした。

そんなしっかり屋のAちゃんなのですが、全てがそうというわけではありません。鞄《かばん》や道具箱の中身がぐちゃぐちゃなのです。何かそこに、一貫性のなさを感じずにはいられませんでした。

それは一体なぜなのか、よくよく観察してみると、こんなことがわかりました。

Aちゃんは、片付けにしても給食準備にしても、私が教室に入るまではしないのです。私の姿が見えると、それっと取りかかります。それは私が怖いから（？）ではなくて、ほめられたいからなんですね。ほめられることはする、ほめてくれる人の前でする、ということでした。

鞄や道具箱の中身がぐちゃぐちゃ、ということの答えもそこにありました。私は、鞄や道具箱を、ときどきしかチェックしなかったんです。ですから、ほめてもらえないこと＝やらなくてもいいのだと、Aちゃんの中では位置づけられていたのでしょう。

ほめられることはする、そうでなければやらない。

これはまずいな、と思いました。

このように、過剰にほめられる快感を知ってしまった子どもの中には、それを気にかけて人目を意識するようになることがあることがわかりました。

これは先ほどしかるときに出てきた、「人が見ていなかったら、何をしてもいい」というのに通じる部分があります。そう考えると、ほめるのも度を超すと問題だな、と感じるようになりました。

ほめるにはタイミングが大事

では、どうほめたらいいのでしょう。

私は、「一つのことが出来るまでの間」と考えています。ほめると子どもはがんばります。ですから、ほめたり励《はげ》ましたりして出来るように持って行くのは好ましいことです。たとえば小さな子どもが、靴下を一人ではこうとしていることにしましょう。見ているともどかしくなって、ついつい手を出しそうになります。けれどそこはぐっとこらえて、見て見ないふりをしてください。

やがて子どもは、「はけたよ」と、自信満々に見せに来ることでしょう。そのときこそがほめどきです。子どもが「はけた」と言っているのですから、裏返しでも、かかとが上に回っていてもいいのです。

「すごいね、はけたね！」とほめてあげてください。そのときの言葉は、難しく考える必要はありません。お母さんの心からわき出た感動の言葉、それが最高のほめ言葉です。

そしていつでもうまくいって当然になったなら、今度はそれがほめるのをやめるときです。そうなったら私が失敗したような、「ほめて早く終わらせちゃおう」なんて、下手な計算はしないことです。

ただ子どもは、いつまでたってもほめてほしくて、「みててね。みててね」と言うことでしょう。

そんなときには、「ほめる」から「認める」に切り替えましょう。

「すごいね、できたね！」から「やってるね、はけたね」といった、その行為を認める言葉がけをするのです。心持ちテンションも下げ気味にして。「みてもらっている」という満足感を得られるため、子どもの気持ちは充分満たされるはずです。

この言い方ですと、過剰にほめることとは違うため、ほめられたい症候群に陥《おちい》ることもありません。このように、「ほめるのは一つのことが出来るまで」がいいでしょう。

こんなことを心がけて、上手にほめてしかれるお母さんになれたらいいな、と日々努力の毎日です。

リズムづくりと寝る時間

「毎日同じ」が心地よい

朝になると日が昇り、夕方には沈みます。

海の波は、寄せては返します。

春が来て、夏が過ぎ、秋が訪れ、冬となります。

右足の次は、左足が出ます。

これら全てがリズムです。人は、リズムと共に生活しています。ですから、リズムのある生活を子どものうちからさせましょう。それが安定した気持ちを育てます。

毎日繰《く》り返される生活の流れに、子どもは安心します。

大人にとっては、「毎日同じ」というのはつまらないことかもしれません。今日は買い物に行きたいし、明日は映画、週末は遊園地と違った方が刺激的です。けれどそれは、大人になってからのお楽しみ。子どもの頃は、同じことを毎日同じ流れで整えると、落ち着くのですって。

一日の流れ、一週間の流れ、一か月の流れ、一年の流れ、それは日々のリズムの上に成り立つことです。

子どもの成長のためにも、一日の基本的な生活を決めておきたいものです。

朝起きて、外で遊び、お昼を食べたらお昼寝をする。

目覚めたら散歩に行き、帰ってお風呂に夕飯、お休みなさい。

小さい頃はこんな感じでしょうか。

寝る時間だけはいつも同じに

けれど私は「リズムが大事」と知って、生まれたときから習慣づけなくては、と気負ってしまいました。朝に起こして、三時間たったら授乳して、また寝かしつける。それを一日何度か繰り返す、それがリズムをつけることだ、と。

けれど赤ちゃんなんて、起きてすぐまた眠くなることもあれば、いくらたっても眠らないこともあります。

「リズムが大切なんだから」と躍起《やっき》になって、なかなか寝ない赤ちゃんを抱き、子守歌を歌いながら延々とテーブルの周りを回っていたこともあります。今考えれば、ぷっと吹き出してしまうのですが、そのときは至ってまじめでした。いくら決まっていた方がいいとはいっても、赤ちゃんのときなんて大筋で合っていればそれでいいんです。あまりにキッツに締《し》めてしまっては、お母さんだって大変です。


以前、友人が叫んでいた言葉を思い出します。

「いっくら、子どもを八時に寝かせようとしたって、全然寝てくれなかったのよ。私だって、リズムをつけてやろうとしていたのに、そりゃ焦《あせ》ったさ。それがよ。私ががんばってもだめだったのに、幼稚園に行き始めたら、ぱたっと寝るようになったのよね。入園すれば勝手にリズムが付くって、誰か先に教えてよ～！」

うんうん、園とはありがたいものです。

わが家では旅行など普段と違う生活パターンになったときでも、夜寝る時間だけはだいたいのところを守っていました。今の子どもたちは、寝る時間がどんどん遅くなっているようです。寝るのが遅くなると、起きるのも遅くなります。私は子どもには、充分な睡眠を取って、自然に目覚めてほしいと思います。

うちの子どもたちは習慣のおかげで、夜寝る時間になると倒れそうになります。朝もひとりでに目覚めるので、起こす手間も労力もいりません。朝から大声を張り上げなくて済むので、たいへん助かります。

一定のリズムを保つのは子どものためとはわかっていても、できないときだってあります。そんなときにはどうぞ、「寝る時間だけは、いつも一緒の時間」にしてください。朝がすっきりスタートしますから。

おやつは三時に量を決めて

甘いおやつはどこかおかしい

いろんなものが食べられるようになってくると、「おやつ」の悩みが出てきます。やっと生えたちっちゃい歯を、虫歯にしたくはありません。なのにうちの子どもたちは歯磨きを嫌がって、どんなブラシを使っても、「歯磨き上手かな〜」の歌にのせても大騒ぎ。押さえつけて泣かせてまでやってもいいものか、興味が出てくるまで待った方がいいのかわかりません。

仕方ないので、インターネットで歯医者さんのホームページをつらつらと見ていました。「赤ちゃんのときから、しっかりと習慣づけるべき」と言う歯医者さん、「赤ちゃんの歯はエナメル質が薄いから磨きすぎないように」と言う歯医者さん、どちらが正しいのでしょ

う。

　こういった反対意見はよくあることです。

「赤ちゃんは手足で熱を調整するので、手袋や靴下ははかせないように」と言うお医者さんもいれば、「赤ちゃんは体温調節ができないから、しっかりはかせた方がいい」と言うお医者さんもいます。人によって、または時代によって変わる情報を、どう処理すればいいのか、何を拠《よ》り所にすればいいのか迷うところです。

　そんな中、ある歯医者さんのページが心にとまりました。それはざっと、こんな内容でした。

「今の世の中、甘いものや油っこいお菓子が増えています。そういったものを、子どもに与えて虫歯にします。自分が子どもを虫歯にしておいて、なったら歯医者に治してもらえばいいと連れてくるのは、何か間違っていると思います。甘くべたべたしたものを食べると、それが歯に付着して虫歯ができます。それを歯磨きで落とそうとしますが、子どもは小さければ小さいほど歯磨きを嫌がるものです。であれば、おやつや食事はそういったものでないものが理想的です。

　堅《かた》いものを食べると、それ自体が歯を丈夫にすると共に、歯に付いた汚れを落としてくれます。昔の人が歯磨きをしなくても、そんなに虫歯にならなかったのは、堅いものを中心に食べていたからです。

加えて、食事の後はからになった茶碗にお茶を注ぎ、それに漬け物を入れて飲むのが習慣でした。お茶には虫歯を防ぐ成分が含まれていますし、漬け物も堅いので歯の汚れを取ってくれます。昔の人は、それがわかっていたのでしょう」

「ほほ～、そう来たか」

他の歯医者さんとちょっと違ったこの見方に、なんだか妙に感じ入りました。

「と言うことは、堅いものを食べさせて、食後にお茶を飲ませれば、そんなに歯磨きに気を使わなくてもいいわけね」

歯磨きのたびに壮絶なバトルを繰《く》り広げていた私は、自分にとって好都合なこの意見を取り入れることにしました。

うちのおやつはおにぎり、麩《ふ》、そして水

まずは、お茶の葉と漬け物を買い求めました。その日の夜、「お茶には虫歯を防ぐ成分が含まれてるんだって。漬け物は歯の汚れを取ってくれるんだって」と物知り顔で夫に話しながら、夕飯を食べました。

「だから、今日から御飯の後は、お茶に漬け物を入れて食べることにしようと思うんだ」

そう言いながらお茶の準備にかかった私。「しまった、急須《きゅうす》がない」。コーヒー党のわが家には、急須なんてなかったのです。仕方ないので、珈琲《コーヒー》の紙フィルターでお茶を出しました。「なんだか味気ないなあ」と言いつつも、漬け物を入れて飲むそれは懐《なつ》かしい味がしました。

娘も気に入ったようで、こりこりと漬け物を食べ、お茶を飲んでいます。

「これで虫歯が防げるなら、いいよな〜」

半信半疑ながら、それからは前ほど歯磨きに力を入れなくなりました。食後に子ども用の歯ブラシを持たせて、自分でやらせるくらいです。

おやつも「甘いものやお菓子はあげたくないな」と思っていました。水代わりにジュースを飲んで太る子どももいますし、歯にはもちろん、体に悪いイメージもありました。

そんなわが家で子どもに与えていたおやつは、こんな感じです。

おにぎり、ふかし芋《いも》、麩《ふ》、とうもろこし、スイカ、トマトなどなど。飲み物は水です。

こうして見ると、ふつうはこれをおやつとは呼ばないのかな、とも思います。おにぎりは主食ですし、芋やトマトはおかず、麩はなんでしょうか？　けれどこの麩が子どもたちは大好きで、ぽりぽりと今でもよく食べています。

「おやつは四回目の食事」と言われます。胃の小さい子どもは、一度にたくさん食べることができないので、おやつも食事と捉《とら》えるのだそうです。そう考えると、おやつだからと言って、何も甘いものやお菓子を与える必要はありません。むしろ、食事に近いものを食べさせた方がいいのでしょう。ところがどっこい、子どもも大きくなるにつれ、甘いものの味を覚えていきます。「食べさせないとかわいそう」と、袋ごと目の前に差し出す人もいますし、何かのおつきあいでもらうこともあります。

初めのうちはそれさえ止めさせたかったのですが、今はありがたくいただき、その後いつもより丁寧《ていねい》に磨かせています。家では、「おやつは三時に、量を決めて」と習慣付いたので、よそで食べ過ぎるようなことがあっても元に戻れます。味をしめてしまって、素朴なものだけじゃ満足しなくなったのは困ったものですが。

今でも子どもたちの歯磨きは、食後に自分でさせています。小学校に入った娘の乳歯に虫歯らしきものができて、一度だけ歯医者に行きました。幸いそれもたいしたことがなく、ちょちょいと薬を塗っておしまいでした。

全てを親の思い通りにはできません。ですが、思いは伝えていきたいな、と思います。「お水は体にいいんだよ」「おにぎりは体を元気にするんだよ」。そんなことを言いながら、子どもたちをせっせと洗脳している私です。

第五章

わが家の教育（？）方針

わが家の教育その一

知識より体験

「子どもの興味」を大切に

早期教育などとはとんと無縁に育った私たち夫婦は、自分の子どもにもそんなことをさせようとは鼻っから思いませんでした。二人とも田舎の生まれで、田んぼや山に囲まれて育ちました。夏になれば川に潜《もぐ》って魚を捕り、秋になれば稲刈りの終わった田んぼで鬼ごっこです。お腹が減れば畑に行ってキュウリやトマトが食べられます。冬には雪の上に大迷路を作ったり、つららを集めたり。毎日、日が暮れるまで、外でほこりだらけ、雪だらけになって遊んでいました。そんな子ども時代でしたから、子どもというのはそうやって大きくなると思っていました。

ところが、です。

自分が親となってあたりを見渡してみると、「遊び」よりも「教育」に力を入れている親が多いことに気づきました。「お勉強」は学校に入ってからではなく、どうやらその前から始めているようです。

幼い子ども向けの塾もあるし、乳幼児をターゲットにしたビデオ教材も花盛りです。それどころか、絵の付いたカードをお腹の赤ちゃんに向け、それをお母さんがイメージすると、胎児がそれを覚えるという代物《しろもの》までありました。「そんなの、生まれてから覚えればいいじゃん」と、のんびり屋の私は思いましたが。

何事も、興味を示したときが始めどきだと思っています。知的興味というのは、大人が働きかけない限り、そんなに早くは芽生えないはずです。まだ文字にも数字にも関心がないのに教えても、機械的に覚えるか、勉強嫌いになるのではないでしょうか。

ですがこの「興味」、タイミングを捕まえてうまく利用すれば、いろんなことをぐんぐん吸収できます。「好きこそものの上手なれ」というのは確かで、好きなことなら放っておいても、やめろと言ってもやるものです。

私は暗記物が苦手で、特に、西暦何年に何があったか、などという問題はお手上げでした。同じ理由で、物理の公式も覚えられなかったし、円周率も怪《あや》しいものでした。

そんな私でしたが、好きなアイドルに関しては話が違いました。その人の誕生日はもちろんのこと、好きな色も食べ物も、股下《またした》の長さまで知っていました。
これもひとえに、そのアイドルに興味があったからです。
わが家の子育ても、この、「子どもの興味」を大切にしています。

やって見せる、一緒にやる

「知識」と「体験」、どちらを先に持ってくるかと尋《たず》ねられたら、私は「体験」を優先させます。いくら知識だけあっても、体験が伴わなければ薄っぺらなものになります。それは、妊娠中に育児百科で赤ちゃんのお世話の仕方を予習したつもりでいたのに、本番になったらからっきし役に立たなかったことに似ています。

「ねこ」という字を書けても、ねこ自体を知らなければなんにもなりません。それより、字なんか知らなくとも、「にゃーってないて、だいたらあったかくて、ひっかかれていたかった」と「体験」している方が、よっぽど生き生きと子どもの中に残るはずです。名前なんて、知らなければ知らなくてもいいのです。いずれ知るときが来るまで、待っていていいのです。それよりも私は、柔らかな感性を持つ今のうちに、たくさんの体験をさせてやりたいと思いました。

では、子どもは何に興味を持つでしょう。

もちろん、子どもが興味を示したからと言って、何もかもやらせていい訳ではありません。お父さんの吸うたばこや、おじいちゃんの飲むお酒もほしがるけれど、与える人はいないでしょう?

ここは賢《かしこ》い親となり、「やらせたいな」「これはいいな」と思うものに子どもが興味を持てるよう、うまくし向けていけたらいいですね。子どもは何でもまねしたがりますから、これはというものは目の前でやって見せる、一緒にやってみる、というのが自然です。

たとえば、うちではよく娘と一緒に料理をしました。ピーラー（万能皮むき器）を用いての皮むきから始まり、一年生になった今では、カレーや目玉焼き、ホットケーキが作れるようになりました。

赤ん坊の頃から、子どもたちは台所に立つ私の横で遊んでいました。流しの扉を開けて、鍋《なべ》のふたを曲芸のようにまわすのが上手でした。つかまり立ちができるようになると、シンクに手をかけ背伸びして、料理する私の手元を見つめていました。どこにでも上れるようになり、調理台まで登られるとさすがに、「こら〜！　あっち行ってて〜！」と悲鳴を上げていましたが。

なんでも「じぶんで」と言いながら自分でやりたがった頃、私の手にしていたピーラーをほしがりました。持たせると、ぎこちない手つきながら何となくにんじんをむいています。私のまねをして左手ににんじんを、右手にピーラーを持っていました。けれどそれでは不安定に見えたので、にんじんをまな板の上に寝かせて、向こう側から手前に引かせてみました。するといくらかうまい具合にむけることがわかりました。

味をしめた娘はそれがいたく気に入ったらしく、それからというもの皮むき係として大活躍しました。それは喜ばしいことですが、娘ときたら皮むきがうれしくて、身になってもむき続けます。「固まり」として使いたかったにんじんが、へろへろの大量の「線(?)」となり、「きんぴらのにんじんバージョン」として登場したことも数知れません。

「体験」の意味

包丁デビューは、三歳を過ぎてからです。さすがにこれは、「子ども用」と銘打ったものを買い求め、時期を待ち、慎重にスタートしました。が、初めは怪我《けが》はつきものです。何かの拍子に、さくっと指を切ってしまいました。幸い、たいしたことはなかったのですが、血に恐れをなした娘は大騒ぎ。「見せて」と言っても見せないで、傷を片手で押さえ、ときどきそーっと覗《のぞ》いては「ぎゃ~、ち~！　ち~！」と、赤くなったり青くなったりしていました。

「ま、これで包丁は痛いとわかったでしょう。今までは私が漬《つ》け物を切ってると横から手を出してたけど、それも痛みがわからなかったからだろうし。このくらいなら、いい経験になったわ」と、私はいつもそんな感じで悠長《ゆうちょう》に構えていました。

それから傷と痛みが癒《い》える二、三日は、さすがに包丁を持ちませんでした。けれど、料理は魅力的なものらしく、また自分から持つようになりました。失敗が功を奏《そう》したのか、少しばかり慎重になったようです。それでも子どものことですから、その後も何度か切りましたが。

そうするうちに、力加減や野菜の持ち方、肉の切り方、傷口の手当などいろんなことを体得していきました。工夫してにんじんを花の形にしたり、盛りつけも彩《いろど》りを考えたりと、食を楽しむことに関してはおおざっぱな母よりも上です。

「このだいこん、おばあちゃんとたねをうえたんだよ。あのたね、ありんこみたいにちいさかったのに、すごいなあ」

「おこめはこうやって、ていねいにとぐんだよ。みずがとうめいになるまでね。おじいちゃんとしたいねかり、たのしかったなあ」

こんなふうにわが家では台所仕事を通して、「食」のことばかりでなく、道具や手先の使い方、痛みや集中力の他、にんじんできんぴらができることまで学びました。こんなこと、料理の本や料理番組を見たって身に付きませんよね。やはり「体験」には大いに意味があると、私はふんでいます。

同じように、日曜大工もよくやりました。これまたのこぎりで手を切るわ、金づちで指までたたくわと、涙・鼻水流しながら。そうしながらも回数を重ねるうちに、少しずつ自分のものにしていきました。

そのほかには、縫《ぬ》い物、編み物、掃除に洗濯、洗車に雪かき、窓ふき、野菜作り……いろんな作業を一緒になってやってきました。こうして振り返ってみるとそれは、生活の中にあることばかりです。特別なことでなく、奇をてらったものでもなく、家にいてできることです。

「教育」などと言うと「有名な先生につけなければ」「○○教室に通わせなくっちゃ」と、大事《おおごと》にとらえがちです。けれどふと足元に目をやると、できることはそこいら中にあふれています。

自分の目で見、肌で感じたことが、これから学ぶ知識の血となり肉となります。その血が多いほど、肉は厚いほど、より充実した知識となることでしょう。

まずは身近なところから、子どもと一緒に楽しんではいかがでしょうか。

わが家の教育その二

何もない場所での遊び

ブランコも砂場もない遊び場

「体験」優先の子育ては、出かける先々でも発揮されます。

今は子ども向けの施設も充実していて、ちょっと足を伸ばせば「科学体験」をさせてくれたり、「手作り体験」をさせてくれるところがたくさんあります。たまにはそんな施設を利用するのもいいかと思いますが、私はもっぱら野原や海などに連れて行きました。

何もかも準備された場所に出向いて、「はい、やってごらん」と言われるよりも、一見なんにもない場所に放す方が、工夫する楽しさや思ってもみない遊びが生まれると考えたからです。石を車に見立てるのには、想像力がものを言います。木切れをつなげて橋を造るには、他の材料が必要です。机の上で勉強するより、そうやってあれこれ考え迷うことが、子どもの脳みそを刺激するのではないでしょうか。

私はどうもお天気がいいとうずうずしてくる性格で、そうなると家にこもっていることができません。大急ぎでおにぎりと水筒を準備すると、自転車の前に息子を、後ろに娘を座らせて、「しゅっぱーつ!」とこぎだします。行き先は、そのときの気分次第。

一番のお気に入りは、河川敷の広場でした。そこはゴルフの練習場、野球のグラウンド、テニスコートなどが連なる広大なスペースでした。その間に空き地なのか、野原なのか、これまただだっ広い場所が点在しています。それなのに平日来る人など滅多《めった》にいなくて、いつも貸し切り状態で贅沢《ぜいたく》気分に浸っていました。

とはいえ、子どもが喜ぶようなものは一つもありません。ブランコもなければ、砂場もありません。楽しいことは、自分で作り出すしかありません。

初めのうちこそ、私も一緒になってかけっこや鬼ごっこに興じます。ですがひとしきり遊び終わると、やおら本を引っ張り出して「お母さんは本を読みたいから、後は二人で遊んでてね」と、距離を置きます。「こうやって遊んでみたら?」と提案することもできますが、大人の考えを示すより子どもの柔軟な発想を大切にしたいからです。困ったことが起こったとき、アドバイスがほしいときまで、読書をしながら目の横で子どもを追います。

子どもは遊びを発明する

そうやって見ていると、子どもは様々な遊びを考え出します。

河川敷には、なだらかな坂道を降りていくことになります。そこを駆《か》け下りると、風がおでこに当たって「ひゃ～、きもちい～」と、大喜びです。足がもつれてすぐに転んでいたのに、こつを覚えるうちに転ばずに降りていけるようになります。

次には横になって、ごろごろと転がり落ちていきます。

「めがまわる～」「あたまがへんだ～」と大騒ぎして。ふと止まって見えた青空に、「くものふねにのってるみたい」と、しばらく眺《なが》めることもあります。

くるりと体を起こして、今度は草で何やら作っています。手先の器用な娘は白詰草《しろつめぐさ》で冠《かんむり》を作って、不器用な息子はそこいら中の草をぶちぶち引き抜いて、「はい、プレゼント」と持ってきます。白詰草の冠をかぶり、根っこのついた花束を持った私は、「おひめさまみたーい」と言われ、うれしいようなうれしくないような。そうしているうちにも、きゃっきゃと次の遊びに移っています。

土手に並べられたブロックに座っての、バスごっこが始まりました。さっき取ってきた

●●●●●

たんぽぽが切符です。前に座ると運転手さん。後ろから乗ってくるお客さんに、「きっぷをどうぞ」と勧《すす》めます。それから大きな声で、「おおがたばすーにのってますー」を歌い、横に揺《ゆ》れたり、大げさにぶつかったり。三番まで歌うと、お客さんは小石のお金を払ってバスを降ります。そして運転手さんと交代して、また歌うのでした。

そこには夕方が近づいてくると、車に犬を乗せた人たちがたくさん集まって来ます。広い場所で運動させたり、訓練しているようでした。集合住宅で、ペットを飼《か》えないわが家の子どもたちには、それがとてもうれしかったようです。犬が来たのが見えると、喜んで走り寄っていきました。飼い主の人たちも、犬のなで方を教えてくれたり、名前を教えてくれたりと親切にしてくれます。

ボールを投げて、犬がそれを取って来る練習を見ていたときのことです。

飼い主が、「それっ」と投げるボールを、犬がものすごい早さで追いかけて持ってくるのに見とれていました。たいへん賢《かしこ》そうな犬で、従順に飼い主の言葉を聞いているのに目を見張りました。

ですが。

その犬が突然ボールから離れ、息子を追いかけ始めたのです。「戻れ！」と言う飼い主の声にも耳を貸しません。怪我《けが》をさせては大変、と飼い主が必死に声をかけてもだめです。

息子は半べそをかきながら、よろよろと逃げ回るばかり。見るとその犬は、どうも息子のおしりのあたりが気になるようです。

「なぜだろう？」

よく見ると、その日息子が着ていたオーバーオールには、ウサギのようなしっぽがついていました。どうやらその犬は、それをボールと間違えてくわえようとしていたらしいのです。

「なんだ、そうだったのか」

それがわかると飼い主も私も緊張が解け、泣きべその息子をよそに大笑いしましたっけ。

終わりのない遊び

夏にはよく、海にも行きました。子どもの皮膚は弱いので、上から下までたっぷりとUVカットを塗《ぬ》って。海に出かけるときには、おにぎりと水筒の他、簡易テントも必需品です。家から水着を着てでかけ、砂浜にテントを張ると、後は一日いっぱいそこで過ごします。まだ子どもが幼いうちは、私一人で二人の子どもを海に入れるのが不安で砂遊び中心でした。だんだん大きくなってくると、浮き輪をつけた子どもを左右に抱え、「それっ、よーいどん」で、海につっこみました。波が打ち寄せるあたりでは足を取られて怖がる子どもも、中に入ってしまえばこっちのもの。

「おおなみがきた～」

「こんどはこなみ～」

と、大はしゃぎです。きらきら輝く波に抱かれて漂《ただよ》っていると、「私も地球の一部なんだなー」と、なんだか神妙な気持ちになるのでした。

海から上がると、子どもたちは砂に穴を掘って水をためて遊びます。特別、道具など持ってこないため、その辺に転がっている流木がシャベルとなります。掘りやすそうな形のものを見繕《みつくろ》ってきて、ザックザックと砂を掻《か》き出します。お風呂のように入れるくらいになったら、今度は海水を入れます。これまた道具がないため、近くにある何かを使って汲《く》み入れます。それもあまりに海に近いと、波が来てせっかくの穴を崩してしまいます。そうなったらなったで、「わー、かわになった」と、今度はどこまでも溝《みぞ》を作って川づくりに変更。流木は時として橋になり、時として船になり、そのときどきで姿を変えていきます。このおおらかさ、柔軟さが、子どもの遊びの醍醐味《だいごみ》です。

ふと今までにない大波が来て、「川」も流木も運んでいってしまいました。あまりに突然の出来事に、子どもたちは目をぱちくりさせています。見ると波打ち際で何かがはねています。海猫もたくさん舞い降りてきました。

「さかなだ！」

大波が、砂浜に魚を打ち上げたのです。「海には魚が泳いでいるんだよ」とは言っても、子どもはもちろん、普段目にすることのない私でさえぴんと来ていないものです。それが目の前で、こうして打ち上げられている。これこそ何にも勝る教育だと思います。

子どもたちは、鰯《いわし》と思われるその魚を手にして、

「わー、いきてる。でもちょっとげんきがないね」

「うみにかえしてあげようか。それー！」

と、海に放り投げました。海猫がそれを食べるのが見えます。

「とりは、おさかながすきなんだね」

「とりがいるところには、おさかながいるんだね」

と、子どもなりの発見があったようです。

白い砂はさらさらしていること、黒い砂は形が作りやすいこと。海の水はしょっぱいこと、泳いでから乾いた髪はばさばさになること。砂浜は熱くて裸足では歩けないこと、日陰は気持ちよく過ごせること。海での遊びもまた、たくさんのことを感じる場となりました。

身軽に出かけよう

ものが豊かにあると、その分発想は貧弱になります。ものを所有しているはずが、それに合った使い方を求められ、自由なアイディアが制限されることがあります。たとえば粘《ねん》土《ど》のへらや型がそうです。へらを持ったら切ることになります。型では型抜きをすることになります。何もなければ手先と頭をフルに使って、どれだけたくさんのものを作り出すかしれないのに。

私たち大人は、いつも子どもに何を与えるかに心を砕《くだ》きますが、本当は何を与えないか、の方が大事なのかもしれません。けれど、「増やさない」と心がけてはいても、おもちゃも絵本もいつの間にか場所を占領していくのは私も一緒。子ども用のかごからはみ出すおもちゃに、毎日ため息をついています。

だからせめて出かけるときだけでも、遊び道具を持たずに出かけませんか？

そこから生まれる無限の可能性を、親子で体験しませんか？

「なんにもない」から紡《つむ》ぎ出される豊かさに、限りなくあふれる柔らかな想像力に、目を見張ることになりますよ。

わが家の教育その三
キャンプ

初めてのキャンプ

「体験」を促《うなが》す活動として、わが家で毎年恒例となりつつあるのが、キャンプです。

北国の夏は短く、夜になると冷え込みます。ですから子どもが小さいうちは、簡易テントを張って日中だけ気分を味わいました。広場でバーベキューをしたり、焼き芋《いも》を作って食べる程度でした。それでも、目の前で火をおこしたり、青空の下でご飯を食べるのはとても新鮮で、お気に入りのレジャーとなっていました。

「子どもが何歳になったら、夜もテントで寝られるのかな?」「う～ん、三歳くらいか? そのくらいになれば、朝までずっと眠ってくれるし」というわけで、しっかりとしたキャンプデビューは息子が三歳、娘が五歳の夏でした。

「体験」には道具を持たずに行くわが家でしたが、キャンプとなると話が違います。男の人ってみんなそうなのかわかりませんが、私の住んでいた集合住宅のだんな様たちは、キャンプ用品を集めるのが趣味のようでした。

休みの日ともなると前庭で、「このメーカーのコンロは性能がいいんだ」「今、あの店でテントが安くなってるよ」と、情報交換していました。そんな話を聞くと夫は、いても立ってもいられないらしく、よくスポーツ店に通っていました。そのたびに何かしら仕入れてきては、専用の衣装ケースにしまい込んで満足していました。「で、それ、いつ使うの?」との意地悪な私の質問に、「いつか使うの!」と答えていたのが、ようやく日の目を見ることになったのです。

初めてキャンプに向かう朝、夫は鼻歌を歌いながら衣装ケースを四駆《よんく》の車に積み込みました。私は大量のご飯をおにぎりにして、大きな水筒にお茶を入れ、寒くなっては大変と着替えをパンパンに袋詰《づ》めです。ご飯もお湯も現地で作ればいいのでしょうが、何しろ私も自信がないのです。

小学校や中学校でキャンプに行ったことはありますが、いつも人の後ろで冗談を飛ばしているだけで、なんの技術も身に付きませんでした。ですから飯ごうの使い方はもちろんのこと、お米に対する水の量も、目盛りがなければわかりません。「それなら、ジャーで炊《た》いていった方が安心、安心」と思った次第です、ああ、情けない。

子どもたちは、「キャンプ！　キャンプ！」と、キャンプが何なのかも知らないのに、大喜びで駆けまわっています。

「さ、おっしこした？」

「うん！」

「靴下はいた？」

「うん！」

「それでは出発でーす」

いつになく素直な子どもたち、よっぽど楽しみなのでしょう。荷物も子どもも車に乗せて、いざキャンプ場へ。

どろどろ泥んこ遊び

初めてのキャンプは、炊事場やトイレがちゃんとある施設を選びました。管理棟にはシャワーもあるし、お皿や割り箸《ばし》、インスタントのご飯やおかずまでそろっています。テントや寝袋の貸し出しもしていて、何も持ち込まなくても泊まれそうな感じがしました。

着いて初めの仕事は、テント張りです。買ってはいたものの出番がなく、型も古くなっているそれを組み立てるのは四苦八苦でした。最新式のテントなら、ワンタッチでできるものもあるのでしょうが、わが家のそれときたらいくつもパイプをつなげなくてはなりません。

まじめな顔で組み立てている夫の周りを子どもたちがちょろちょろし、とんと背中にぶつかりました。振り向いた夫は、鼻血を流しています。どうやらパイプで鼻を傷つけたよう。これも「体験」でしょうか。

見かねた私は、子どもたちを散歩に連れ出しました。草の生い茂った道を、バッタがぴょんと跳《は》ねていきます。それを追いかけて、子どもたちもぴょんぴょん飛び跳ねます。トンボがふわりと目の前をかすめると、今度はトンボを追いかけます。そうしているうちに、池に出ました。何かが一斉に、ぱーっと泳ぎ出しました。オタマジャクシの大群です。

大喜びの子どもたちは、どぼんと池に飛び込みました。池と言っても水たまりに毛の生えたようなものでしたから、入っても大丈夫そうです。ぬるぬるとした泥の感触に奇声を上げ、ちびちびと動き回るオタマジャクシに遊ばれて、顔まで真っ黒です。

「わ〜、一つつかまえた」

見ると、小さな手の中でオタマジャクシが動いています。

「ちいさいね」

「あれ、ちょっとあしがはえてる」

「かわいい」

と、穴が開くほど見つめています。ひとしきり見終えると池に返し、また別のを捕まえようと必死です。


私はこんな泥んこ遊びを、子どもたちにさせてやりたいと思っていました。原体験といいますか、子どもは水や泥が大好きだから。体中でそれらを楽しむ機会を作ってやりたくて、水のある公園などにも出向いたのですが、そういった場所は「入らないでください」の看板が掲げられていました。雑菌などの関係なのでしょうが、水を見ると入りたくて仕方ない子どもたちをなだめるのは至難の業でした。

そんなときは、近所のたんぼ道にタオルを持って出かけたものです。田に水を引くために設けられた水路は、子どもの足を入れるのに丁度いい深さでした。草原に座ってちょろちょろと流れる水に足を浸すだけでも、何とも言えず気持ちいいものです。そのうち、石にタニシがくっついているのを見つけ、タニシ捕りになります。わいわい騒いでいると、ザリガニが顔を出して威嚇《いかく》します。かえるや、ときには沢ガニまで泳いできて、そのたびに歓声を上げたものです。

そんなことを思うと、今こうして泥んこ遊びをしているのが、とても贅沢《ぜいたく》なことのような気がしました。

昔はきっとふつうであっただろうことが、今は出来なくなっています。遊ぶ場所が削《けず》られて、外遊びができなくなってしまったり。子どもに対する犯罪が増え、公園でさえ危険な場所になったり。塾やお稽古《けいこ》に時間を取られ、遊ぶ時間が削られたり。きれい好きのお母さんは、少しでも汚いものは取り上げてしまいます。

昔が全ていいとは思いません。けれど、残しておきたいものもたくさんあります。のびのびと遊べる時間を、場所を、精神を、子どもには保証してやりたいと思います。

星空のおにぎりとバーベキュー

かれこれ一時間もそこにいたでしょうか。泥んこ遊びを十分満喫した子どもたちは、池から上がって来ました。風を浴びながら歩いていると、服や顔に付いた泥んこが乾いてぱりぱりになってきます。手の泥をすりあわせて落としながら、「あ、のぼりやすそうなの、み～つけた！」と、次なる遊びを発見したようです。

木登りです。幹が二またに分かれているところまでおしりを持ち上げてやると、するすると猿のように登っていきます。

「おかあさんより、おおきいよー」

「そらまでとどくよー」

と、上機嫌の声が、頭上から響きます。

「ほら、足はこっち」

「気をつけて」

と言いながら、その声にふと空を見上げました。するとそのとき、どさっ！

息子が降ってきました。

「あ〜あ、猿も木から落ちたか」

見ると、脇腹に擦《す》り傷ができています。

「痛いの痛いの、飛んでいけ〜」

おんぶしてテントに戻りました。

着くともうすっかりテントは張られ、夫はコンロに炭をおこしているところでした。

「おとうさん、おたまじゃくし、いっぱいいたよ」と娘。

「ひゅ〜んておちたけど、おもしろかった」と息子。

ああよかった、木登り嫌いにならなくて。それからは、家から持ってきたトウモロコシや肉、野菜を焼いての夕ご飯となりました。おにぎりも、しっかりとほおばりながら。

「炭で焼くとおいしいよね」

「うん、味に深みが出るな」

空にはいつの間にか、満天の星がきらめいています。こんな星空、明るい街では見ることができません。おにぎりとバーベキューとたくさんの星、そして家族の笑顔。ありったけのごちそうを並べ、興奮しながらテントで眠ったのでした。

第六章

みんなの子育て、楽しくな〜れ！

子育てをみんなで

ダメママだった私

「こんなはずじゃなかった」

「子育てって、なんてたいへんなんだろう」

母親になったばかりの私は、いつも半べそをかきながら、そんなことばかり思っていました。なまじ幼稚園に勤めて、子どものことを知っているつもりになっていた私は、「私はいいお母さんになれる」。そんな幻想を抱いていました。

「なんで世の中のお母さんたちは、あんなに怒ってばかりいるんだろう？　私は絶対怒らない、優しいお母さんになるんだ」

今思えば、かなり鼻持ちならない人間だったことでしょう。

モロー反射という赤ちゃん特有のびくっとした動きに、一緒になってびくっとする情けない母でした。

「寝たかな？」

と、そーっとそーっと布団におろしても、ものの見事に泣き出す赤ちゃんを、三か月間抱き続けました。

「風邪ひかせるな」と言う父の何気ない一言でさえずしんと重たく心に響いて、全神経を赤ちゃんに集中していたあの頃。

苦しかった。

眠たかった。

休みたかった。

赤ちゃんと一緒に、泣いていた。

何より大人と話がしたいと切実に思いました。閉ざされたアパートの、唯一ストーブがついている一部屋で、赤ちゃんと二人きり。外に出るのは、玄関先のポストまで。話をするのは、宅配の人とだけ。窓の外に降り積もる真っ白な雪を眺《なが》めながら、来る日も来る日も同じ生活が繰《く》り返されました。

それまでの私は、幼児虐待《ぎゃくたい》のニュースが流れると、「なぜ、自分の子どもにそんなことが出来るのか」と憤《いきどお》り、人間のすることではないとまで思っていました。

ところが、親になってわかりました。

「私だって、いつ加害者になるかわからない」

「こんな状況だと、やりかねない」

そんな危うさと、いつも隣り合わせの育児でした。

それからです。同じニュースを見ると、「誰かまわりの人が、手を貸してあげられなかったのか」と考えるようになったのは。

時期を同じくして私の住んでいる場所のすぐ近くでも、そのような事件が起こりました。

一つは、実家へ帰省して出産した母親です。実家ですから、親御さんもいたはずです。けれどその親御さんの留守中の出来事でした。泣きやまない赤ちゃんを浴槽《よくそう》に沈めたのです。

もう一つは、下の子を産んだばかりの母親です。言うことを聞かない上の子どもに、スーパーの買い物袋をかぶせて窒息《ちっそく》させたのです。

どちらの事件も、誰かが気づいて手を差し伸べていれば防げたはずです。車で飛ばせば私の家からほんの五分足らずの場所です。そんな近くに住んでいながら、たった一人で苦しんでいた母親を救い出せなかった自分に腹が立ちます。何もしてやれず、終わったことを耳にするだけの自分に、悔《くや》しさがこみ上げてきます。

「ひとりぼっちで子育てをしてはいけない、誰かと一緒に子どもを見られる場がほしい」

その頃から、ぼんやりと思い始めました。

手探りで始めた「自主保育」

ちょうどその頃、何かの本で「自主保育」という活動があることを知りました。何人かの仲間を集めて、一緒に子育てをしていこう、といった趣旨《しゅし》です。保育士を頼んでやっているところもあれば、お母さんたちだけで運営しているところもあります。一軒家を借りているところもあれば、公園を拠点にしているところもあります。つまりは、自分たちに合った方法でよい、決まった形式はない、ということです。

「これならいけるかも」

そう考えた私は、早速何人かのお母さんに声をかけました。

「行けるときだけでよければ、参加したいな」

そんなふうに、何人かが乗ってくれました。

問題は場所です。寒い北国では、外だけの活動は無理でしょう。けれど、場所を借りる費用なんて、どこから出したらよいのでしょう。

考えあぐねているところに、友人が助け船を出してくれました。

「うち、使っていいよ。私は日中仕事に出るけど、鍵《かぎ》を置いていくから」

願ってもない申し出でした。

こうして、手探りの「自主保育」がスタートしたのです。

ときは北国の冬。最も外出しづらく、また、最も密室育児に陥《おちい》りやすい時期です。出かけたい気持ちはあっても、ただでさえたいへんな子連れのお出かけ。その上、厚いコートを着てかまくらのようになった車の雪をおろし、乗り込むのはなかなかたいへんです。自主保育となると、一日がかりですから、お弁当も作って行かなくてはなりません。

「たいへんなこと、始めちゃったな」

すぐに弱音を吐《は》きそうになりました。

こんな関わりがほしかった

けれどそれに光を差してくれたのは、他ならぬ子どもたちでした。家にいれば、掃除だ、片付けだと、何かしらやることがあってじっくり子どもにつきあう暇《ひま》がありません。満たされずに絡《から》んでくる子どもをかわしながら、「なんでいつもこの子は、ぐずぐず泣いてばかりいるんだろう」。そうやって苦しく思っていました。

でも、いったん別の場所に移ってしまうと、家事も用事もありません。「よんで」と持ってくる絵本を読んであげることが出来ます。「みて」と言われれば、いつまでだって見ていてあげることが出来ます。特別なことなんてなくたって、「至福《しふく》の時」がたっぷりとそこにはありました。

子どももそれを感じるのでしょう。

「おかあさんがよんでくれた」

「おかあさんがみていてくれた」

そうやって満たされた子どもは、家に帰ってからも満足した様子で一人黙々と、または姉弟仲良く遊ぶようになったのです。

「こんな関わりがほしかったんだね。やっぱりいいぞ、集《つど》いの場！」

その活動は、子どもの成長と共に消えてしまいましたが、そんな手応えを強く残しました。

子育ては一人じゃ、たいへんすぎる

子育てのたいへんさは一時のものです。育児の悩みを話すと、先輩ママは決まって、「すぐに大きくなるわよ」と言ってくれた気持ちもわかりかけてきました。あと、数年もすれば確実に子どもは子どもの世界を持ち始め、私も自分の時間を持てるようになるでしょう。そうなったら、あれもやりたい、これもやりたい、夢は膨《ふく》らみます。

「でも……」

と思います。「一時」とはいえ、出口の見えない子育てのまっただ中にいた頃の私は、「すぐに大きくなる」のがいつなのかわからず、真っ暗な中でもがいていました。

「誰か助けて」

「誰か話を聞いて」

「一人じゃ、たいへんすぎるよ」

そう苦しんでいました。確かにこのつらさも、ときが来れば忘れてしまうでしょう。もう少ししたら私だって、「すぐに大きくなるわよ」と笑っているかもしれません。

「子どもが大きくなったら働きに出る」「資格を生かした仕事を見つける」。子どもの成長につれて、私にもさまざまな選択肢があります。

けれど誰かが、子育てのたいへんさを身をもって体験した誰かが、次のお母さんを助けてあげなければ、いつまでたっても子育てはたいへんなままになってしまうでしょう。

「私は、ここに踏みとどまろう」

乳幼児期の子どもを持つお母さんを応援しよう、そう決めました。それから、ことあるごとに「子育てはみんなでしょう。そんな場を私は作りたいんです」と言い続けました。

ふつうの家のくつろぎ

「子ども連れで、集える場を作りたい」

そう考えるようになってから、同じような活動をしている人たちに興味を持ちました。

月に一回、自宅を開放して不登校のお母さんの話を聞いてあげている人。

月に五〇〇円の会費を集め、何かしら楽しいことを企画してお茶飲みしているおばあちゃん。

本好きが高じて、居間にたくさんの本を並べ、週に一回貸し出しをしている人。

自分がほしかった場を形にして取り組むその姿は、きらきらと輝いていました。

本を貸し出しているお宅に、何度か子どもを連れておじゃましたことがあります。借りたくても、図書館に行けば子どもが騒いだり、本を次々に出して遊んだりと、ゆっくり選ぶことができません。目についたものをさっと取ってはそそくさと逃げ帰る、といったふうでした。

一方、その家はふつうのお宅です。玄関には亀やコオロギがいて、生き物の好きなわが家の子どもたちの目が釘付《くぎづ》けでした。中に入ると、八畳ほどの居間の壁《かべ》一面に本棚がしつらえられ、子どもの本から大人の本までぎっしりとつまっていました。たまたま知人が来ており、「よく来るんだよ〜、ここに来て話して帰るだけですっきりするの」と笑っています。

そうこうするうちに、学校帰りの小学生も一人二人と訪れ、うちの子どもたちと遊んでくれるのです。あやとりをしたり、折り紙をしたり、紙飛行機を飛ばしたり。喜々としてはしゃぐその姿は、ふつうの図書館では歓迎されないことでしょう。けれど私は、その間に好きな本をゆっくり選んで、温かなお茶をいただき、すっかり気分転換できたのでした。

小学生たちもひとしきり遊び終わると、またランドセルを背負い、お気に入りの本を一冊抱えて、「また来るね」と帰って行きました。

「地域に、こんなふうに子どもたちを見守ってくれる場、気軽に立ち寄れる場があるって、尊《とおと》いことだな」

　そんな思いを、新たにしました。

支え

　そうやってたくさんの人と関わる中で、迷いの多い私の背中を、強烈に押してくれる男性に出会いました。

　その人は仕事の傍《かたわ》ら、地域通貨の発行に尽力したり、フェアトレードの活動に取り組んだりと、精力的に活動していました。それでいて、力んでいる感じはみじんもなく、いつもニコニコと迎えてくれる、頼れる兄貴的な存在でした。

「引きこもりの人たちが働けて、集える喫茶店を作ったんだ」

　そう聞いて、早速その場を訪ねました。そこは、彼が今まで事務所にしていたビルの一室でした。

　以前の殺風景なその部屋には、業務用キッチンが入れられ、不揃いなのに不思議と統一感のとれたテーブルが並べられ、小さいながらも居心地のいい空間に変わっていました。

　初めのうちこそメニューは珈琲《コーヒー》だけでしたけれど、それもそこで働く人たちのアイディアで徐々に増えていきました。

応対してくれるのは、引きこもりや不登校の方々です。ぎこちないながらも、「いらっしゃいませ」のあいさつに、緊張感いっぱいのその手元に、何か温かいものを感じるのでした。

●●●●●

「亜紀ちゃん、」

そのとき初めて、その人がゆっくりと話し始めました。

「私も、誰もが集《つど》える場を作りたいんです」

すっかり寛《くつろ》ぎ、お腹も心も満たされた私は、その人にぽつりぽつり話し始めました。

「赤ちゃんからご老人まで、外国の人も、障害を持つ人も、誰もが集える場を。だって、それが普通じゃありませんか？　なぜ、老人ホームや障害者施設は、人里離れたところに追いやられるんですか？　そんなことをするから、偏見を持ってしまうんじゃないですか？」

彼は、いつものようにたおやかな笑みを浮かべながら、私の話に耳を傾けていました。

「私も、自分の手で作りたいんです。でも、それには建物がいるんですよね。場所を借りるにしても、お金のかかることですし。どうしたらいいのか……わからないんです」

不思議なものでね、
いいことをしようとする人には必要なものが自然に集まってくるんだよ。
亜紀ちゃんにならきっと、
必要な場所も、必要な人も、どこからともなく集まってくるよ。
心配しないで、一歩踏み出してごらん」
実際に行動しているその人の言葉には、たいへんな説得力を感じました。必要な場所も、人も、能力も、お金も、ないないづくしの私でしたが、なんだかやればできるような気がしてきたのでした。
それからです。いよいよ私の中の思いは増し、「やるなら今」とばかり、行動を開始しました。忙しい日々が始まり、引きこもりの人たちのお店に行くこともままならない日々が続きました。

継承

そんな忙しさに紛《まぎ》れていた頃です。「あの店、たいへんらしいよ」と言う噂《うわさ》を耳にしたのは。当番制で店番を決めているらしいのですが、当日になって「どうしても行けません」とキャンセルする人がいるらしく、また、路地のビルの2階にあるためか、集客にも苦労しているようでした。それからほどなくして、店をたたんだと記憶しています。

気になりながらも顔も出せずに私は、自分の今やるべきことに夢中で取り組んでいました。一つずつ段階をクリアしながら向上していけることは、ちょっぴりの苦しさとその百倍の楽しさがあります。忙しいながらも、充実した毎日でした。

その頃、もう一つの衝撃的な話を聞きました。

「あの人、病気で入院したそうよ。あまりよくないんだって」

それが癌《がん》だと知ったのは、それからずっと後になってからでした。

「でも大丈夫よ。まだ若いんだし、あんなにいつも元気な人なんだから」

見舞いに行かない理由をあれこれ見つけては、先延ばしにする悪いくせが私にはあります。

それが軽い病気だとか、出産後だったら話は別です。治る見込みのある人、すぐにでも退院できる人ならば、「元気そうじゃん。早く出ておいでよ」なんて、軽く見舞うこともできます。

けれど、そうでない人に対しては、見舞いに行っても言葉が出てこないのです。体が、心が凍《こお》り付いて、涙があふれてしまうのです。そんな私を見たら、その人はどう思うでしょう。自分の死期が近いことを、悟《さと》ってしまうのではないでしょうか。

それを考えると、どうしても会いに行けませんでした。

私の背中を押してくれたその人は、その年の大晦日《おおみそか》、若くしてこの世を去りました。

正月中にお葬式をしたことも後で知り、後日、お線香を上げに行きました。

私にできることは、彼の意志を受け継いで、一人で苦しんでいる人に手をさしのべることであり、集いの場を提供することだと思っています。私は、彼に恥ずかしくないよう、歩き続けていこうと決めています。

仏壇に飾ってある、相変わらずの優しい顔が、

「亜紀ちゃん、見てるよ」

と語りかけてくるようでした。

「陽だまりサロン」スタート

そのチャンスが訪れたのは、夢を抱いてから七年後。娘の小学校入学を機に、小さなわが家を建てることになったことから急展開しました。

「自宅なら、できる」

長いこと温めてきた夢が、ようやく花開くことになったのです。

「日曜大工ができるスペースがほしい」

と言うだんなに、

「それならそこを少し広めにとって、平日は地域の人が集まる場にしてもいい？」

と尋《たず》ねました。それはだんなにもずっと話してきたことだったので、「はいはい」と笑って聞いていました。

「よっしゃ、了解取りつけ！」

心の中でガッツポーズ。

走り出した私に、手伝いを申し出てくれる人、サロンで使うものを持ってきてくれる人、資金を提供してくれる人などなど、たくさんの協力者が現れました。その中には前々からの知人もいれば、見ず知らずの人もいます。そんな方々から有形、無形の支援を受け、思い立って七年目。またひとつ夢が叶ったのです。

名前は、「陽だまりサロン」。

これには、密《ひそ》かな想いが込められています。

私は元々お日様を浴びるのが好きで、気がつくといつも空を仰《あお》いでいます。特に好きなのは、朝日です。山の背が明るくなってくると、そわそわと落ち着かなくなります。窓をいっぱいに開けて、す〜っと深呼吸して、そのときを待ちます。山から顔を出すときの、凝縮《ぎょうしゅく》された力強さが好きです。内に秘めていた熱さを、一気に解き放ったような光が好きです。それに全身を預けると、エネルギーが体の中に入ってくるような気がしてくるのです。

名前を考え始めた頃は、「なごみの森」「マミイ&エンジェル」「さくらの丘」など、いろいろな候補をひねり出しました。けれど、どれも今いちピンときません。

「何かいい名前はないかな〜！」

そうやっていつものように空を見上げ、太陽を受けたとき、

「そうだ、大好きなお日様にあやかろう」

そう、思いついたのです。

あたたかな響きとイメージを持つこの名前が、自分ではとても気に入っています。何かでつらくなったとき、「あ、陽だまりサロンがあった」と思い出しただけで、ふっと心が温まってくれたらいいな、そんなことを願っています。

静かな時間、温かい空気

ある日のサロン

「陽だまりサロン」には、小さな子どもにも来てもらえるように、畳《たたみ》の部屋があります。まだ数か月の寝ているだけの赤ちゃんや、はいはいの赤ちゃんを連れたお母さんには特に好評です。そうして気に入ってくれたお母さんは、次は友人を誘ってきてくれます。

そうやって連れ立ってくるお母さんの子どもたちは、だいたい同じくらいの月齢です。いつも数名で利用してくれるお母さんの中に、飛び切りおしゃれで、すっとした目鼻立ちの、ひときわ目をひく女性がいます。「きれいな人だなあ」と、見とれてばかりで、それまであまり話したことがありませんでした。

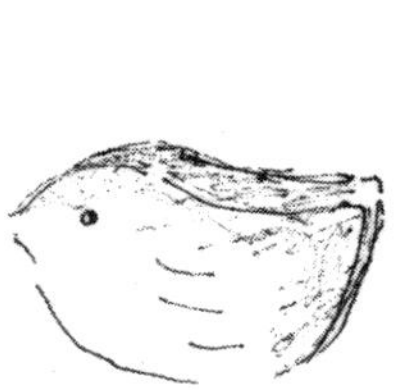

ある日、仕事の手が空いたので「どれどれ、赤ちゃんを抱っこさせてもらおう」と、順

番に抱いてうろうろしていました。

ところがその赤ちゃんは、他の子どもに比べてなんとなく軽いのです。

「あれ？　軽いね。何キロくらいだろ？　同じくらいの月齢でも、やっぱり個人差ってあるんだね〜」と、軽口をたたいていました。

するとそのお母さんの口から、意外な言葉が飛び出したのです。

「この子、双子だったんです」

え？「だった」ってどういうことなんだろう。とまどう私に、その人は言葉を続けました。

「もう一人は、死産だったんです。この子が生まれる三日前に、お腹の中で亡くなっていて、それがわかってすぐに帝王切開で、二人を出したんです。あのままわからないでいたら、この子まで、そして私まで危険だったそうです」

人って、こんな話を聞くとき、時の流れが止まったように感じるものなんですね。そこにいた皆が、身動きも出来ずにじっと耳を傾ける他ありませんでした。

「一卵性だったから、この子とそっくりで。抱いてやって、おむつをかけてあげました。顔の色は違っていたけど、ほんとにそっくりだったなあ」

「名前は付けたんですか？」

●●●●●

一人のお母さんが声をかけました。

「つけましたよ」

「じゃあ、お葬式も出したんですよね？」

「そう。ちゃんと式に出るよう言われて、産後三日目の体で行きました。姉の子どもがまだ二歳で、なんにもわからないはずなのに、泣いて泣いて……。何か感じるのかな。他の大人もみんな泣いて、たいへんだったな」

今も、双子の子どもを見ると、近くに行けないのだと言う。写真を撮ったけれど、見ることが出来ないと言う。

「この子の誕生日が、その子の命日でもあるから……ちょっと複雑」

いつもにぎやかなサロンに、静かな空気が流れました。

彼女の話を聞きながら、人が生まれる奇跡に思いをはせました。世の中には、子どもがほしいと願っても、出来ない人も大勢います。誰もが、お腹に宿った命を、喜びとともに受け入れていると信じたい。けれど、中絶という道を選ぶ人もいます。

時がたつと生まれたときの感動も忘れ、悪いことばかりに目がいったり、親の希望を押しつけたりしてしまいます。ですが本当は、自分の子どもをこの腕に抱けるのは、奇跡なのかもしれません。

二人分の……

以前、助産師さんがおっしゃいました。

「このかけがえのない子どもたちは、多くの命の中から選ばれ、生き抜いて、ようやく出てきたのです。生きてるだけで、百点満点なんですよ」

「生きてるだけで百点満点」

心にしみる言葉です。それが彼女の話を聞いて、いっそう説得力を増しました。そんな気持ちで子どもを見ると、わがままを言ってじだんだ踏む顔も、忙しいときに限ってつきまとってくる仕草も、なんだかいとおしく思えてくるから不思議です。

「ちゃんと言うこと聞いてくれる子が好き」

「これが出来たら、抱っこしてあげる」

私はときどき、そんな条件付きの愛を示してしまいます。

だけど、きっと子どもだって、「そのままで、そこにいるだけで大好きよ」。そう言ってもらえたなら、どんなにか安心していられることでしょう。

そんなあれこれを思っていると、彼女が吹っ切れたような表情で言いました。

●●●●●

「でもこの子、二人分元気だから！　こんなのがもう一人いたら私、今頃どうなっていたんだろうって、ぞっとするわ」

「そっか、二人分愛してやってね」

「二人分怒ってますけど」

そう言ってその人は、いたずらっぽくクスリと笑いました。

ふわり。

慈愛《じあい》に満ちたその人のまわりに、あたたかい空気が漂《ただよ》いました。

支え合いのリレー

〝お母さん〟たちのもう一つの顔

「私もこんな、人と人とが交われる場を作りたいんです」

「同じような活動をしたい」

陽だまりサロンを始めてから、そんなふうに遠くから訪ねてきてくれる人がいます。

「みんな、人と関われる場を求めているんだな」

夢を語る人が大好きな私は、目を輝かせて話すその人たちに、すっかり魅了されながら聞き入るのが常です。

その中に、「子ども連れで、ふらりと立ち寄れるカフェ的な店を作りたい」と言う、ウエイトレス経験者の方がいました。聞くと、だんな様はホテルのコックさん。素人の私から見ると、願ってもない条件がそろっているように感じます。

「なら、だんなさんと一緒に出来るじゃない」と言う私に、「いえ、だんなにはまだ話してないんです。彼は、ずっとホテルのコックでやっていきたいって言ってます」

そう言って、顔を曇らせました。

ちょうどその場に、開店時からカフェの業務に携《たずさ》わり、子どもを産むまでシェフ兼ウェイトレスをしていた方が来ていました。「ねえねえ、この人、カフェやりたいんだって。相談に乗ってあげて」と、話を振り向けました。

場所の狭さも、ここでは人と人とをつなぐ長所になります。どの〝お母さん〟も、その顔の下には、今までの経験や思いがけない能力が潜《ひそ》んでいて、助けられることがたびたびあります。求める人と、求められる人、それぞれの人たちをつなげるのも、私の大切な役割であり、大きな喜びです。

「う～ん、そうか。それで、どんな店にしたいの？」

その人はお弁当を食べる手を休め、小上《こあ》がりになっている和室の段差に腰掛けて話に交ざりました。私と彼女は、サロン側で珈琲《コーヒー》を飲んだまま、今度は三人でおしゃべりを始めました。

「店を開くには、調理師の免許を持った人が一人いればよくて……」

「資格を取るには、こんな流れになっていて……」

「メニュー開発のときには……」

ここまで来ると、私にはちんぷんかんぷんです。二人に任せて、私は席を離れました。

元気の集まる場所

「だんなに、話しました」

何日かたって、彼女が、いつもの凛《りん》とした顔で報告に来ました。

「そ、そ、そうなの？」

早い展開に、ちょっととまどい気味の私に、彼女は続けました。

「笑ってました。おまえ、そんなこと考えてたの？　って。これからどうなるかわかりませんけど、ひとつ階段を上ったような気持ちです。話して、すっきりしました」

彼女の顔も笑っていました。

その後、そのだんな様も一緒に来てくれたことがあります。

「きゃ〜、ステキなだんな様じゃん！　お似合いのカップルだね。絵になる家族だよ〜」

「コック姿にだまされました。あれにはほんと、だまされますよ〜」

そう言ってはにかんだ顔が、幸せを物語っていました。この家族のこの先の未来に何が待っているのか、楽しみに見守っていきます。

●●●●●

「体育館などを借りて、月数回、子育てカフェを始めました」

お世話になっている方が連れてきてくれたその人は、「一度来たかったんです。どんな場所で、どんなことをしているのか、自分の目で確かめたくて」、そう言って、サロンのあちらこちらをカメラで写していました。

ほんの一年ほど前は、私も彼女と同じように、自分の望むような活動をしている人を訪ねては話を伺《うかが》ったものです。その一つひとつが新鮮で、いい刺激となり、「次は私も！」と、その都度思いを強くしたものです。

「今度は私が訪ねられる番になったんだな」

なんだかくすぐったい気持ちになると同時に、しゃきっと背筋が伸びます。

その人はアイディアあふれる人で、場所を借りてのカフェを始め、子連れコンサート、「マイビーチ」（海が目の前）での浜遊び、お寺遊び（鐘《かね》つき、本堂かけめぐり）など、思いついたことを次々に形にしていきます。

彼女たちの話を聞きながら、地方にもこんなに力強く行動する女性がいることを頼もしく感じます。そうして私も新たな活力をいただき、また何かやれそうな気がしてきます。

みんなの喜びを共有する場として

サロンには、毎日たくさんの方が訪れます。講座に参加するために来る人、眠っている赤ちゃんを大事に抱えてくる人、毎日のように通ってくれる人、友だちを誘ってきてくれる人。

たぶん今までなかった形の、まったくアットホームな雰囲気に初めはとまどう人もいます。けれど何度か来るうちに、まるで自分の家のように感じてくれるようです。

二階は家族のプライベートの住居スペースです。サロンの合間を見ながら、二階にあるパソコンに向かうことがあります。すると階下から、

「あら、こんにちは〜。さあ、上がって」

と、今来た人に先客が声をかけるのが聞こえます。

「好きな飲み物を飲んでね」

と、緊張気味の初めてのお客さんに、誰かが教える声がします。

レンジで温めた離乳食を食べさせながら、

「うちの子、食が細くて〜」と、相談している声が聞こえます。

「すいませ〜ん、お湯、なくなりました〜！」

「は〜い、ただいま！」

もっぱらこれだけが、私の仕事となりつつあります。私がいなくても、回り始めたこのサロン。最近は息抜きの要領も、すっかりうまくなったものです。

二階での仕事にけりがつくと（または煮詰《につ》まると）、サロンにおりて赤ちゃんを抱っこして、お客さんとたわいもないおしゃべりをします。

「育休が終わって、もう来られないから」「転勤が決まってしまって」と、寂しい報告もあります。けれど、妊娠、マイホームの購入、挑戦していた試験の合格など嬉しい報告もたくさんあります。そのたびに「良かったね」「がんばったじゃない」「さあ乾杯だ、みんな集まって！」と、誰かの幸福を喜び合えるこの場が、私には宝物です。

赤ちゃんを抱かせてもらって、仕事に飽きたらおしゃべりして盛り上がれる。このサロンをオープンさせて一番恵まれているのは、他でもない、私自身なのです。

「ああ、幸せな仕事をさせてもらっているな」

ヤカンのわいた音に階段を一つ飛ばしで駆《か》け上がりながら、心の底からそう感じるのです。

あとがき――夢は続く

ほんの小さなことでも、それを知ることで楽になることがあります。特に育児には、そんなことが多いような気がします。自分の持つ経験やアイディアを分かち合うことで、誰かが少し楽になれたら。それでその人が、少し子どもに優しくなれたら。自分がいつもしてもらったように、今度は誰かを支えたい。自分の持つものを、伝えたい。

「みんなの子育て、楽しくな～れ」

ささやかなお手伝いをしながら、いつもそんなことを考えています。

私の始めた陽だまりサロンのように、思い立ったらすぐに行ける場が、子どもに手を上げそうになったとき、とっさに駆《か》け込める場が、日本中、あちこちに必要だと思います。

子育て中のお母さんに限らず、一人暮らしのお年寄りが、鬱《うつ》気味の人が、誰かの役に立ちたい人が、話し相手を求めて集《つど》える場。年齢も国籍も性別も、そして障害の有無も、そんな「人間のかきね」を全部飛び越えて集える場を、もっと。

そこに集い、話をして、手の空《あ》いた人が赤ちゃんを抱っこして、お母さんもゆっくりお茶を飲む。そうやって互いが互いを助け合える環境があれば、「自分も誰かの役に立つんだ」と、存在意義を見いだせると思うのです。そんな些細《ささい》なことから、生きる希望も見えてくるかもしれません。

「そんな場をひとつでも増やしたい」

それが、次の夢です。

人は一人で生きていけません。

人を孤独にしてはいけません。

二本ある手のうちの一本を、求めている人に貸してください。

あなたのほんのちょっとの勇気に、光を見いだす人もいるのです。

優しさのバトンを近くの誰かにわたしてください。それが幸せな未来の礎《いしずえ》となることでしょう。

本書を執筆するにあたり、たくさんの方々の助言と協力をいただきました。編集者の戸矢晃一氏、ほんの木代表柴田敬三社長、デザイン担当渡辺美知子さん、本当にありがとうございました。

それから自宅開放サロンという、私のむてっぽうな夢を笑って見てくれる家族にも感謝します。

そして、なんのおもてなしもしない私のもとに、子どもを抱いて訪れてくれる皆様や、その場を支えてくれているたくさんの皆様にも。

最後に、この本を読んでくださったあなたへ。この本が、あなたの子育てをほんのちょっとでも楽にできたら幸いです。

「おはようございまーす！」

さあ、階下からにぎやかな声が聞こえてきました。

「はーい、今行きまーす」

エプロンのひもをきゅきゅっとしばり直して、さあ駆け出そう、陽だまりの中へ——。

藤村亜紀

2006年3月17日

ブログ「陽だまり日記」http://yaplog.jp/hi-damari/

藤村亜紀（ふじむら あき）

1968年秋田県生まれ。90年、秋田大学教育学部幼稚園教員養成課程卒業。私立秋田南幼稚園に7年間勤務。その間、シュタイナー教育を知り、保育に取り入れる。閉園により退職。保育経験や育児をつづったエッセイ『心で感じる幸せな子育て』（ほんの木刊）を出版。それを機に、教育関係の広報誌への連載、講演活動、ラジオ子育てコーナー担当など、活躍の幅を広げる。

子育て中に外出がままならず、ストレス解消のために読んだ育児マンガに感化され、自分でも描き始める。それがたまたま『粗食のすすめ』で有名な幕内秀夫氏の目に留まり、共著を出版（『マンガでわかる食育』かもがわ出版）。

現在は秋田市の自宅で、「出会いと生きがい創りの場、陽だまりサロン」を運営。毎日たくさんの親子連れで賑わっている。夫と7歳の娘（華凛《かりん》ちゃん）、5歳の息子（飛龍《ひりゅう》くん）の4人暮らし。

「陽だまり日記」ブログ　http://yaplog.jp/hi-damari/

子どもたちの幸せな未来ブックス4

子どもが輝く幸せな子育て

2006年4月20日 第1刷発行

著者――――――――藤村亜紀
企画――――――――（株）パンクリエイティブ
編集・発行――――――――ほんの木
プロデュース――――――――柴田敬三
編集――――――――戸矢晃一
営業――――――――岡田直子
発行人――――――――高橋利直
発　売――――――――（株）ほんの木
〒101-0054 東京都千代田区神田錦町3-21 三錦ビル
Tel. 03-3291-3011　Fax. 03-3291-3030
http://www.honnoki.co.jp/
E-mail　info@honnoki.co.jp
競争のない教育と子育てを考えるブログ　http://alteredu.exblog.jp
 ISBN4-7752-0038-0
郵便振替口座　00120-4-251523　加入者名　ほんの木
印刷所　中央精版印刷株式会社

1 もっと知りたい、シュタイナー幼児教育

芸術教育や情操教育として注目のシュタイナーの幼児教育をわかりやすく特集しました。

＊幼稚園26年間の実績から学ぶシュタイナー幼児教育

＊「シュタイナー教育相談室」など

【主な登場者】高橋弘子さん（那須みふじ幼稚園園長）／吉良創さん（南沢シュタイナー子ども園教師）／大村祐子さん（ミカエル・カレッジ代表）他

2 育児、子育て、自然流って何だろう？

先輩ママの実践した自然流子育てで子どもはどう成長するか、親としての心構えなどをご紹介します。

＊自然な育児、子育て、基本の基本

＊私の実践した自然流子育て～そのポイントと生活スタイル　など

【主な登場者】真弓定夫さん（小児科医師）／はせくらみゆきさん（アートセラピスト）／自然育児友の会／西川隆範さん（シュタイナー研究家）他

3 どうしていますか？　子どもの性教育

誰もが子育てで一度は悩む、子どもと性の問題を家庭でどのように解決していくかがよくわかる特集です。

＊「性」を通して子どもたちに伝えたいこと

＊性教育アンケート　など

【主な登場者】北沢杏子さん（性を語る会代表）／矢島床子さん（助産師）／小貫大輔さん（ブラジル在住保健教育専門家）他

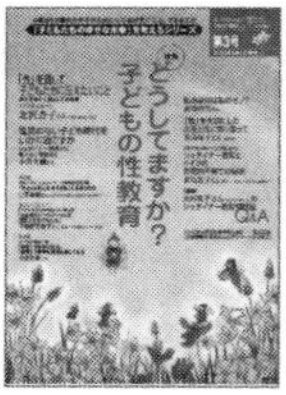

子どもたちの幸せな未来シリーズ第1期

4 子どもたちを不慮のケガ・事故から守る

子どもの死亡原因の1位は不慮の事故。思いがけない事故の予防策について実践的、具体的に紹介します。
＊不慮の事故はどうして起こるか
＊ケガ・事故を未然に防ぐ工夫　など

【主な登場者】ウテ・クレーマーさん（ブラジルシュタイナー共同体代表）／大村祐子さん（ひびきの村ミカエル・カレッジ代表）／安部利恵さん（栄養士）他

5 見えていますか？子どものストレス、親のストレス

少しでも楽しくストレスのない環境でゆったりと子育てする方法を特集。
＊子どもにストレスを与えないシュタイナー幼稚園の環境づくり
＊自分を受け入れることから始める子育て　など

【主な登場者】鳥山敏子さん（賢治の学校教師）／菅原里香さん（こすもす幼稚園教諭）／岩川直樹さん（埼玉大学教育学部助教授）他

6 子どもの心を本当に育てる、しつけと叱り方

子どもをうまく育てたいと思えば思うほど考え込んでしまう叱り方、しつけ方。心を育てる叱り方、しつけ方について考えました。
＊大人の真似から「しつけ」は始まる
＊わたしの叱り方　など

【主な登場者】堀内節子さん（にじの森幼稚園前園長）／森田ゆりさん（エンパワメントセンター主宰）／汐見稔幸さん（東京大学大学院教授）他

子どもたちの幸せな未来「第1期」全6冊　●B5サイズ・64ページ
●各号定価1400円（税込・送料サービス）●6冊セット割引あり。詳細はほんの木まで。

2003年～2004年刊

7 心と体を健やかに育てる食事

素材や栄養価にこだわりながら、食事が楽しくなる食卓づくりと食育の基本を学びます。

＊食卓から始まる健康子育て
＊知って得する野菜の豆知識　など

【主な登場者】東城百合子さん（自然療法研究家）／大住祐子さん（シュタイナー医療研究家）／大澤博さん（岩手大学名誉教授）／大澤真木子さん（東京女子医科大学教授）他

8 お話、絵本、読み聞かせ

絵や写真のないお話だけを聞くことで子どもの想像力は育ちます。お話には、子どもの心と想像力を育てる力があります。

＊お話が育てるこころと想像力
＊こどもの好きな絵本　など

【主な登場者】高橋弘子さん（那須みふじ幼稚園園長）／としくらえみさん（シュタイナー絵画教師）／赤木かん子さん（子どもの絵本の専門家）他

9 シュタイナー教育に学ぶ　子どものこころの育て方

温かい心を持った子ども、優しい心を持った子ども、目に見えない「こころ」の育て方を特集しました。

＊子どもの内面への信頼
＊子どもがほんとうに安心できる場所　など

【主な登場者】高久和子さん（春岡シュタイナー子ども園教師）／森章吾さん（シュタイナー小学生クラス教師）／山下直樹さん（治癒教育家）他

●お申込み　ほんの木　TEL.03-3291-3011 FAX.03-3291-3030
〒101-0054東京都千代田区神田錦町3-21　三錦ビル

子どもたちの幸せな未来シリーズ第2期

10 子育て　これだけは知りたい聞きたい

子どもを見るってどう見ればいいのでしょうか？　子どもの成長・発達、子どもの幸せをトータルに考えます。

＊子育てが下手でも恥ではない
＊母親の食事が子どもを育てる　など

【主な登場者】小西行郎さん（東京女子医科大学教授）／正高信男さん（京都大学霊長類研究所教授）／宗祥子さん（松が丘助産院助産師）／安保徹さん（新潟大学大学院医学部教授）他

11 子どもの感受性を育てるシュタイナーの芸術体験

子どもの好奇心をつぶさないでください。シュタイナー教育を中心に子どもの形成力を高める芸術を体験に基づいて学びます。

＊シュタイナー教育における芸術
＊色を体験することの大切さ　など

【主な登場者】大嶋まりさん（東京シュタイナーシューレ）／高久真弓さん（オイリュトミスト）／見尾三保子さん（「ミオ塾」代表）他

12 年齢別子育て・育児、なるほど知恵袋

子どもの成長を知って、余裕ある子育てをするための方法、子どもの年齢に応じた育児を特集しました。

＊余裕のある子育てを
＊シュタイナー教育による「子どもの年齢に応じた育児」など

【主な登場者】汐見稔幸さん（東京大学大学院教育研究科教授）／真弓定夫さん（小児科医師）／山口創さん（聖徳大学講師）他

子どもたちの幸せな未来「第2期」全6冊　●B5サイズ・64ページ
●各号定価1400円（税込・送料サービス）●6冊セット割引あり。詳細はほんの木まで。

①共働きの子育て、父親の子育て

子どもと一緒にいる時間が少ない、十分に子どもの面倒が見られないと悩みや不安を抱える親御さんが少なくありません。共働きの家庭や父親の子育てへの参加について考えます。

【主な登場者】毛利子来さん（毛利医院医師）／佐々木正美さん（児童精神科医）／正高信男さん（京都大学霊長類研究所教授）／赤石千衣子さん（しんぐるまざあずふぉーらむ）他

②子どもの健康と食からの子育て

子どもたちの体が年々弱くなっています。また、子どもの行動や心にも、かつて見られなかった不可解な兆候が現れています。今日からできる健康な食育のポイントを提案します。

【主な登場者】幕内秀夫さん（栄養管理士）／神山潤さん（小児科医）／原田碩三さん（兵庫教育大学名誉教授）／山田真さん（小児科医）／藤村亜紀さん（陽だまりサロン主宰）他

③子どもの心と脳が危ない！

テレビやゲーム、パソコンなどが子どもに及ぼす影響について、小児科医や脳科学者、幼児教育者らが声をあげ始めました。テレビやゲームとの安心安全なつき合い方の特集です。

【主な登場者】佐々木正美さん（児童精神科医）／森昭雄さん（日本大学教授）／吉良創さん（南沢シュタイナー子ども園教師）／内海裕美さん（小児科医）／神山潤さん（小児科医）他

子どもたちの幸せな未来シリーズ第3期

④ 子どもを伸ばす家庭のルール

十分な睡眠や友達と一緒の遊びや運動、家族と一緒に三度の食事をとること…こんな当たり前のことの積み重ねだけで、体力、気力、知力、学力が育つのです。

【主な登場者】陰山英男さん（広島県・土堂小学校校長）／片岡直樹さん（川崎医科大学小児科教授）／廣瀬正義さん（食と教育研究家）／秦理絵子さん（オイリュトミスト）他

⑤ 早期教育と学力、才能を考える

おけいこごとを始める平均年齢は2・5歳。でも待って下さい。まわりから置いて行かれないようにと通わせているおけいこごとが、子どもをダメにしてしまうこともあります。

【主な登場者】汐見稔幸さん（東京大学大学院教授）／高田明和さん（浜松医科大学名誉教授）／吉良創さん（南沢シュタイナー子ども園教師）／グレゴリー・クラークさん（多摩大学名誉学長）他

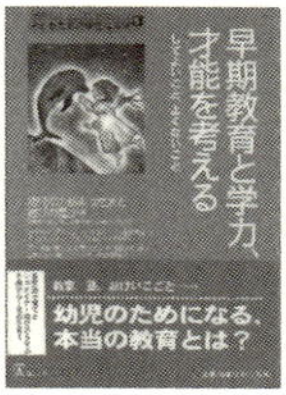

⑥ 免疫力を高めて子どもの心と体を守る

アトピーやアレルギーなど子どもの病気は、正しい鼻呼吸、睡眠、冷え予防、食事などに関係しています。日々の生活習慣で大切なことを、健康の視点から特集しました。

【主な登場者】西原克成さん（西原人間研究所所長）／東城百合子さん（自然療法研究家）／岩附勝さん（トーユー矯正歯科院長）／清川輝基さん（子どもとメディア代表理事）他

子どもたちの幸せな未来「第3期」全6冊　●A5サイズ・128ページ
●各号定価1575円（税込・送料サービス）●6冊セット割引あり。詳細はほんの木まで。